会计信息化教学方法与策略研究

刘秀艳　袁　悦　著

中国商业出版社

图书在版编目(CIP)数据

会计信息化教学方法与策略研究 / 刘秀艳，袁悦著. 北京 ：中国商业出版社，2025. 3. -- ISBN 978-7-5208-3347-9

Ⅰ. F232

中国国家版本馆 CIP 数据核字第 20258Q4E72 号

责任编辑：管明林

中国商业出版社出版发行

（www.zgsycb.com　100053　北京广安门内报国寺 1 号）

总编室：010－63180647　编辑室：010－83114579

发行部：010－83120835/8286

新华书店经销

天津和萱印刷有限公司印刷

*

787 毫米×1092 毫米　16 开　9 印张　157 千字

2025 年 3 月第 1 版　2025 年 3 月第 1 次印刷

定价：45.00 元

* * * *

（如有印装质量问题可更换）

前　言

在信息技术迅猛发展的今天，传统的会计工作正经历着前所未有的变革。信息化不仅改变了会计工作的方式与手段，更深刻影响了会计教育的理念与方法。随着企业对会计信息化的需求日益增长，如何培养适应新时代要求的会计人才，成了高等院校和职业培训机构面临的重要任务。因此，探讨会计信息化教学方法与策略，显得尤为重要。

本书从会计信息化教学概述入手，阐述了会计信息化教学课程设计，分析了会计信息化教学方法、会计信息化教学的信息化手段，最后对会计信息化教学实施策略进行了深入探讨。希望通过本书的介绍，能够为读者在会计信息化教学方法与策略研究方面提供帮助。

本书主要汇集了笔者在工作、实践中取得的一些研究成果。在撰写过程中，笔者参阅了相关文献资料，在此，谨向其作者深表感谢。

由于笔者水平有限，加之时间仓促，书中难免存在不足和疏漏，敬请广大读者批评指正。

作　者

2025 年 2 月

目　录

第一章　会计信息化教学概述

第一节　会计信息化的基本概念

一、会计信息化的定义与内涵

（一）定义

会计信息化是现代会计发展的必然趋势，它将信息技术深度应用于会计工作中，旨在提升会计信息处理的效率和准确性。通过信息化手段，会计信息的收集、处理、分析和报告过程得以优化，从而提高了企业财务管理的效率和决策的科学性。会计信息化不是软件和硬件的简单叠加，而是一种综合应用，涵盖了数据管理、流程优化和信息安全等多个层面。通过有效的数据管理，企业能够实现信息的高效流通和共享，提高整体运营效率。

会计信息化的应用，推动了会计职能的深刻转变。传统会计的主要职能是核算和报告，但在信息化背景下，会计的角色逐渐向决策支持和战略管理转变。这一转变要求会计人员不仅具备财务专业知识，还需掌握信息技术和数据分析能力，以支持企业的战略决策。会计信息化的实施并非一蹴而就，它需要系统的规划和专业的人才支持。信息系统的有效运行和维护是会计信息化成功的关键，这要求企业在实施过程中注重人才培养和技术支持，确保信息化系统的稳定性和安全性。

（二）内涵

会计信息化不只是将传统的会计流程数字化，还在于通过信息技术的应用，提升会计工作的整体效率和价值。会计信息化在数据处理中的重要性尤为突出，通过自动化和智能化的手段，大大提高了数据处理的效率和准确性。这种提高不仅减少了人工操作的错误和冗余，还使得会计人员能够从烦琐的数据录入中解放出来，专注于更具战略意义的分析和决策支持工作。会计信息化的应用，使得数据能够被快速、准确地处理和传递，为企业的财务管理提供了坚实的基础。

会计信息化对会计职能转型的影响是深远的。传统会计职能主要集中在核算和报告，而信息化的引入使得会计职能逐渐向决策支持转变。通过信息化工具，会计人员能够更好地理解和分析财务数据，从而为企业的战略决策提供支持。这种转型不仅提升了会计人员的专业价值，也为企业的经营决策提供了更为科学的依据。信息化的会计系统能够实时反映企业的财务状况，帮助管理者及时调整经营策略，适应市场变化。

会计信息化对企业管理决策的支持体现在其提供的实时数据分析和报告功能。信息化系统能够整合企业内外部的各种数据，进行多维度的分析，并生成详尽的报告。这些报告不仅包括传统的财务报表，还涵盖更为全面的经营分析指标，为管理层提供全方位的决策支持。通过会计信息化，企业管理者能够更快地获取所需信息，做出更明智的决策，从而提升企业的竞争力和市场响应能力。

二、会计信息化的核心要素

（一）数据管理

数据管理是会计信息化的基石，直接影响信息的准确性和完整性。会计信息化中的数据管理不仅涉及数据的收集、存储、处理，还包括数据的分析与安全。其重要性体现在为管理者提供可靠的数据支持，帮助做出明智的决策。在会计信息化的背景下，数据管理的质量直接关系企业的财务透明度和决策效率。因此，完善的数据管理体系是会计信息化成功实施的关键。

在数据收集与存储方面，选择合适的数据库和数据存储方案至关重要。这不仅影响着数据的存储效率，还决定了数据检索的速度和准确性。会计信息化需要高效的数据库系统来支持大规模数据的处理和存储。企业应根据自身需求选择合适的数据库类型，如关系型数据库或 NoSQL 数据库，以确保数据的高效管理和灵活应用。同时，数据的备份和恢复策略也是数据存储方案中的重要组成部分，能够有效防止数据丢失。

数据处理与分析技术在会计信息化中扮演着重要角色。通过数据分析工具和方法，企业可以从海量数据中提取有价值的信息，提升决策支持能力。常用的数据分析技术包括数据挖掘、统计分析和预测分析等。这些技术不仅能够帮助企业识别财务趋势和风险，还能为企业战略规划提供科学依据。会计信息化中的数据分析能力直接影响着企业的市场竞争力和管理水平。

数据安全与隐私保护在会计信息化中尤为重要。随着信息技术的快速发展，数据泄露和安全威胁不断增加。企业需要采取有效的安全措施来保护敏感财务数据的安全。常见的安全措施包括数据加密、访问控制和网络安全防护等。通过建立完善的数据安全体系，企业可以有效降低数据泄露风险，增强客户和合作伙伴的信任。

（二）信息系统

在会计信息化中，信息系统不仅是会计信息化的基础设施，还是实现信息流转和数据处理的核心工具。一个完善的信息系统能够有效地支持企业的财务管理和决策制定，确保信息的准确性和及时性。信息系统的设计和实施需要综合考虑企业的业务需求和技术条件，以实现最佳的应用效果。

会计信息系统的结构与组成是其实现功能的基础。硬件部分包括服务器、计算机终端及相关设备，负责数据的存储和处理。软件部分则涵盖操作系统、数据库管理系统和应用软件，支持信息的输入、处理和输出。网络是信息系统的连接纽带，确保数据在不同设备间的传输。数据库作为信息系统的数据存储中心，提供数据的存取和管理功能。各构成要素之间的协同工作，确保了信息系统的高效运行。

会计信息系统的功能主要体现在数据处理、报告生成和决策支持三个方面。在数据处理方面，信息系统能够快速、准确地进行数据的录入、计算和汇总，减少人为错误的发生。在报告生成方面，系统可以根据预设的模板和规则，自动生成各种财务报告，满足不同管理层级的需求。在决策支持方面，信息系统通过分析和挖掘数据，为管理者提供有价值的决策依据，提高企业的竞争力。

实施和管理会计信息系统是一个复杂的过程，需要精心策划和执行。系统的部署通常包括需求分析、系统设计、开发与测试、上线运行等阶段。维护策略则包括定期更新、故障排除和安全管理，以确保系统的持续稳定运行。在组织中，信息系统的管理模式可能涉及专门的 IT 部门或外部服务提供商，负责系统的日常维护和技术支持，确保系统的高效运作。

信息系统的集成与互操作是提升企业整体信息化水平的重要途径。会计信息系统与 ERP、CRM 等系统的有效集成，可以实现数据的共享和流程的自动化，提高企业运营效率。在集成过程中，需要确保数据格式的统一和接口的兼容性，以避免“信息孤岛”现象的发生。通过集成，各系统之间能够实现无缝协作，共同支持企业的战略目标。

（三）人员素质

会计信息化的推进离不开高素质的会计人员。会计人员的信息技术素养是确保会计信息化成功的重要前提。在现代会计环境中，信息技术的应用已成为不可或缺的一部分。会计人员需要具备基本的信息技术知识，能够熟练操作会计信息系统。这不仅包括对会计软件的操作能力，还涉及对信息系统安全、数据管理等方面的理解。只有具备了这些技术素养，才能确保会计信息的高效处理和传递，从而提高会计工作的效率和准确性。

会计人员的分析能力在会计信息化中显得尤为重要。在信息化环境下，会计人员不仅需要处理大量的数据，还需要从中提取有价值的信息，以支持企业的决策。数据分析能力的培养，不仅要求会计人员掌握基本的统计分析工具，还需要他们能够理解数据背后的商业逻辑和经济意义。通过数据分析，会计人员能够为企业提供更为精准的财务预测和战略建议，帮助企业在复杂的市场环境中做出明智的决策。

沟通能力是会计人员在信息化进程中不可或缺的素质之一。会计信息化不仅涉及财务部门，还需要与企业的其他部门进行密切协作。良好的沟通能力可以帮助会计人员在跨部门合作中更好地传递信息，确保信息在不同部门之间的流通与共享。这不仅有助于提高企业整体的信息化水平，还能增强企业内部的协同效应，从而实现更高的工作效率和更好的业务成果。

会计人员的持续学习意识是适应信息技术快速变化的重要保障。信息技术的快速发展要求会计人员不断更新自身的知识体系，以跟上时代的步伐。持续学习不仅包括对新技术的学习和应用，还涉及对行业发展趋势的洞察和理解。通过持续学习，会计人员能够不断提升自身的专业能力和竞争力，在信息化浪潮中立于不败之地，为企业的信息化建设贡献更大的力量。

三、会计信息化的技术基础

（一）软件技术

会计软件作为信息化的核心工具，承担着数据处理、分析和呈现的多重任务。其功能模块通常包括财务管理、成本控制、预算管理等，不同类型的会计软件在功能设计上各有侧重。例如，财务管理模块主要负责记录和分析企业的财务活动，成本控制模块帮助企业有效管理生产成本，预算管理模块用于规划和监控企业的财务预算。通过这些功能模块，企业可以实现对财务数据的全面掌控，提高决策的科学性和准确性。

会计软件的用户界面设计在会计信息化中扮演着重要角色。一个用户友好的界面可以显著提高会计人员的工作效率，减少操作误差。良好的用户界面设计不仅要求界面美观，更重要的是功能布局合理，操作简便，能够帮助用户快速找到所需功能。通过直观的界面设计，会计人员可以更快地适应软件的操作，减少学习成本，从而将更多精力投入数据分析和决策支持中。用户界面的优化是提升会计软件实用性的重要手段。

自动化处理能力是会计软件的重要特性。现代会计软件通过自动化功能，能够大幅提升数据处理的效率与准确性。自动化功能包括自动生成财务报表、自动对账、自动分析财务数据等。这些功能不仅减少了人工操作的时间和错误率，还提高了数据处理的及时性和可靠性。通过自动化处理，会计人员能够将更多精力集中在数据分析和战略决策上，而不是烦琐的日常事务，这在提高企业整体效率方面具有显著作用。

会计软件的定制化与扩展性是满足企业个性化需求的重要保证。不同企业在业务流程、管理需求和行业特点上存在差异，因此，能够根据企业的具体需求进行定制化开发的会计软件更具竞争力。定制化的会计软件不仅能更好地适应企业的业务流程，还能通过扩展功能模块来支持企业的业务增长。这种灵活性使得会计软件能够随着企业的发展不断升级，保持其在信息化管理中的有效性。

（二）硬件支持

硬件支持在会计信息化中扮演着至关重要的角色。硬件设备的选择与配置是确保会计信息系统高效运行的基础。选择适合企业规模和需求的服务器、工作站及网络设备，可以有效支持系统的处理能力和数据传输速度。企业在选择硬件时，需充分考虑其性能、扩展性和性价比，以满足当前和未来业务发展的要求。此外，合理的硬件配置不仅能提高系统的运行效率，还能为软件的稳定运行提供坚实的基础。

网络基础设施的建设是会计信息化成功实施的关键。高速稳定的网络环境能够保障会计信息系统的数据传输和实时访问，进而提高企业的管理效率和决策能力。网络的稳定性和安全性直接影响着数据的传输质量和系统的可靠性。企业应投入资源建设可靠的网络基础设施，如使用高质量的路由器和交换机，并配置防火墙和 VPN 等安全措施，以确保数据的安全传输和访问。

数据存储设备的安全性与可靠性是会计信息化中不可忽视的环节。通过选择合适的存储方案，如云存储和网络附加存储，企业可以有效保护会计数据的安全性，并实现数据的备份和恢复。合理的存储方案不仅能保证数据的完整性和可用性，还能在突发事件中提供数据恢复的能力。企业在选择存储设备时，应充分考虑其安全性、可扩展性和易管理性，以满足不断增长的数据存储需求。

硬件设备的维护与更新是保障会计信息系统稳定运行的重要措施。定期对硬件进行检修和更新，能够有效避免因设备故障导致的系统停机和数据丢失。企业应制订详细的维护计划，定期检查硬件的运行状态，并及时进行故障排除和设备更换。通过对硬件的持续关注和维护，企业可以确保系统的长时间稳定运行，从而保障业务的连续性和数据的安全性。

（三）网络架构

在会计信息化的背景下，网络架构是信息传输的骨干，决定了会计系统的效率和安全性。一个合理设计的网络架构能够确保会计信息在不同部门和设备间的高效流动，支持企业的日常运营和决策制定。随着信息技术的不断发展，网络架构的设计也需要不断更新，以满足现代企业对信息化的更高要求。

在会计信息化进程中，网络架构的基本组成要素包括服务器、路由器、交换机等设备。这些设备各司其职，共同构建了企业信息化的基础框架。服务器作为数据存储和处理的核心设备，负责提供稳定的计算资源；路由器则负责数据包的选择和转发，确保信息能够快速准确地传递到目标位置；交换机用于连接不同的网络设备，实现高效的数据交换。这些设备的协同工作，保障了会计信息化系统的正常运转和高效服务。

在会计信息化系统中，网络安全策略的制定至关重要。防火墙作为第一道安全屏障，能够有效阻止未经授权的访问，保护企业内部网络的安全。入侵检测系统则负责监控网络中的异常活动，及时发现潜在的安全威胁。此外，数据加密技术的应用，可以进一步保障会计信息在传输过程中的机密性和完整性。通过这些技术手段的综合应用，企业能够构建一个安全可靠的会计信息化网络环境。

随着企业规模的扩大和业务的多样化，网络架构的可扩展性显得尤为重要。

在会计信息化的过程中，灵活的网络架构设计能够为企业的未来发展提供支持。通过模块化设计和虚拟化技术，企业可以根据业务需求动态调整网络架构，增加或减少网络节点。这不仅提高了网络的适应性，还能有效降低扩展成本，确保企业在快速发展的同时，保持信息系统的高效运作。

为了提升网络的速度和稳定性，网络性能优化成为会计信息化的关键环节。负载均衡技术通过合理分配网络流量，防止单一节点过载，提升整体网络的响应速度。带宽管理则通过优先级设置，确保关键业务的网络需求得到满足，避免因带宽不足导致的网络瓶颈。此外，定期的网络监测和优化调整，也是保障网络性能的重要手段。这些策略的实施，能够有效提高会计信息化系统的运行效率。

四、会计信息化的应用领域

（一）企业财务管理

在现代企业的财务管理中，会计信息化发挥着至关重要的作用。会计信息化的实施使得企业能够实现实时数据监控，这不仅提高了财务信息的及时性，还确保了数据的准确性。实时数据监控系统使企业能够迅速响应市场变化，及时调整财务策略，从而在竞争激烈的市场环境中保持优势。通过会计信息化，企业财务管理者能够随时获取最新的财务数据，进行动态分析和决策，避免了传统财务管理中由于数据滞后导致的决策失误。

会计信息化的应用使得企业能够自动生成财务报告，极大地减少了人工操作带来的错误和时间成本。自动化的财务报告生成系统不仅提高了工作效率，还确保了财务报告的准确性和一致性。企业财务人员可以将更多的精力放在数据分析和战略规划，而不是烦琐的手工操作上。这种转变不仅提高了工作效率，还增强了企业的财务透明度和报告的可靠性，为企业的财务决策提供了坚实的数据支持。

会计信息化支持预算管理与控制，帮助企业进行更科学的财务规划和资源配置。通过信息化系统，企业可以制定更为精确的预算，实时监控预算执行情况，并根据实际情况进行调整。这种动态预算管理方式不仅提高了企业的资源利用效率，还减少了不必要的开支，提升了企业的整体效益。信息化的预算管理工具使企业能够在复杂的经济环境中灵活应对，增强了企业的财务稳定性和抗风险能力。

会计信息化还使企业能够更加高效地进行成本分析，提升成本控制能力。通过信息化系统，企业可以详细分析各项成本构成，识别出成本控制的关键环节和潜在问题。基于准确的数据分析，企业可以制定有效的成本控制策略，优化资源配置，降低运营成本。信息化的成本分析工具不仅提高了企业的盈利能力，还增强了企业在市场中的竞争力，为企业的可持续发展提供了重要保障。

会计信息化在企业财务管理中加强了数据的可追溯性和透明度，有助于合规性管理和审计。信息化系统记录了所有财务活动的详细信息，确保了数据的完整性和可追溯性。这不仅方便了企业内部的财务审计，还满足了外部监管机构的合规要求。通过信息化手段，企业能够更好地管理财务风险，确保财务活动的合法合规，为企业的长期发展奠定了坚实的基础。

（二）非营利组织会计

非营利组织会计在现代社会中扮演着至关重要的角色。通过会计信息化，非营利组织能够大幅度提升财务透明度，确保捐赠者和利益相关者能够实时获取准确的财务信息。这种透明度不仅有助于增强公众对非营利组织的信任，还能提高组织的公信力和责任感。在信息化系统的支持下，财务数据的实时更新和公开展示成为可能，捐赠者可以更清晰地了解资金的流向和使用情况，从而做出更明智的捐赠决策。

会计信息化在非营利组织预算管理中的应用，支持更科学的资源配置和财务规划。通过信息化手段，非营利组织可以更精准地预测未来的财务需求和资源分配情况，进而制订更为合理的预算方案。这种精细化管理不仅提高了资金使用的效率，也为组织的长远发展奠定了坚实的基础。此外，信息化工具的应用还能帮助非营利组织快速调整预算方案，以应对外部环境的变化和突发事件的影响。

非营利组织会计信息化对资金使用监控的强化，能够有效防范和控制资金滥用风险。通过信息化系统，组织可以对资金流动进行全面监控，及时发现潜在的风险点和异常情况。这种监控机制不仅有助于确保资金的合法合规使用，还能为组织的审计工作提供翔实的数据支持。同时，信息化的监控手段也提升了组织内部的风险管理能力，使其能够更有效地防范和应对各种财务风险。

通过会计信息化，非营利组织能够自动生成财务报告，减少人工操作的错误，提高数据处理效率。自动化的财务报告生成不仅节省了大量的人力和时间成本，还提高了数据的准确性和一致性。这种高效的数据处理方式，使得组织能够更迅速地响应外部审计和监管要求，从而更好地履行其社会责任。同时，自动化的报告生成也为组织内部的决策提供了及时、可靠的数据支持。

非营利组织会计信息化促进跨部门信息共享与协作，提升组织内部的工作效率和政策执行的协调性。通过信息化平台，各部门之间可以实现无缝的信息交流和资源共享，从而避免了“信息孤岛”的产生。这种协同效应不仅提高了组织的整体运作效率，还增强了各部门之间的协作能力和政策执行力度。

第二节　会计信息化系统的构成与功能

一、会计信息化系统的硬件构成

（一）服务器

在会计信息化系统中，服务器作为核心硬件设备，承担着数据处理和存储的关键任务。服务器的性能要求至关重要，尤其是在处理海量数据时，需要具备高处理能力和大内存。高性能服务器能够确保会计信息系统的高效运行，支持企业在财务管理、报表生成和决策支持等方面的需求。通过优化服务器的处理能力，企业可以实现快速的数据处理和分析，从而提高财务信息的准确性和及时性。

服务器的安全性是会计信息化系统中不可忽视的因素。在信息化环境下，服务器需要通过多层次的安全措施来保护数据的完整性和机密性。防火墙、访问控制和数据加密是常见的安全手段，能够有效防止未经授权的访问和数据泄露。通过建立完善的安全机制，企业可以在信息化过程中增强对财务数据的保护能力，降低潜在的安全风险。

随着企业的不断发展，服务器的可扩展性成为会计信息化系统中一个重要的考虑因素。服务器的硬件升级和扩展能力直接影响着系统的灵活性和适应性。通过合理规划服务器的扩展方案，企业可以根据业务需求的变化，及时调整硬件配置，确保系统在面对不断增长的数据处理需求时，依然能够保持高效运作。

数据备份与恢复机制在会计信息化中扮演着关键角色。由于数据丢失和系统故障可能带来严重的财务损失，建立有效的数据备份和恢复方案显得尤为重要。通过定期备份和制订详细的恢复计划，企业可以在出现意外情况时，迅速恢复系统的正常运行，最大限度地减少对财务管理的影响。

（二）存储设备

在会计信息化系统中，存储设备不仅是数据存储的载体，还是保证信息系统高效运转的核心组件。在会计信息化中，存储设备的选择直接影响系统的性能和稳定性。不同类型的存储设备，如传统硬盘、固态硬盘以及云存储，各自具有独特的优势和适用场景。硬盘以其高容量和低成本被广泛应用于大规模数据存储，而固态硬盘则凭借其快速的读写速度和耐用性成为对速度要求较高的会计应用的理想选择。近年来，云存储因其灵活性和可扩展性也逐渐受到重视，尤其适合需要频繁访问和共享数据的会计信息化系统。

在选择存储设备时，性能指标是一个不可忽视的考量因素。具体而言，读写速度、容量和耐用性是评估存储设备性能的关键指标。对于会计信息系统而言，快速的读写速度可以显著提高数据处理效率，尤其是在需要实时处理大量交易数据时。容量决定了系统能够存储的数据量，必须根据企业的实际需求进行合理规划。耐用性则关系到设备的使用寿命和数据的安全性，选择耐用性高的设备可以减少因设备故障导致的数据丢失风险。因此，在会计信息化系统中，合理选择具备高性能指标的存储设备至关重要。

数据备份与恢复策略是会计信息化的重要组成部分，直接关系到数据安全和业务连续性。制订有效的数据备份方案，可以在数据丢失或系统故障时快速恢复正常业务。通常，备份策略包括定期备份和实时备份两种方式。定期备份可以确保数据在某个时间点的完整性，而实时备份则能够在数据发生变化时立即更新备份，最大限度地减少数据丢失的可能性。同时，恢复方案的设计也需考虑到数据恢复的速度和完整性，以保证在最短时间内恢复业务运作。

存储设备的安全性措施是确保会计数据安全的关键。通过加密技术，可以有效防止未经授权的访问，保护数据的机密性。访问控制则通过权限管理，限制不同用户对数据的访问和操作，增强数据的安全性。物理安全措施，如防火、防盗和防水等，也同样重要，尤其是在存储设备集中部署的情况下。这些措施共同构成了存储设备的安全防线，确保会计信息系统的数据安全。

存储设备的管理与维护是会计信息化系统稳定运行的保障。定期对存储设备进行检查、更新和维护，可以有效防止数据丢失和系统故障。检查包括对设备性能的监控和故障的预警，更新则涉及设备固件和驱动程序的升级，以提升设备的性能和安全性。维护工作还包括对设备的清洁和环境的管理，确保设备在最佳状态下运行。

（三）网络设备

在会计信息化系统中，网络设备的主要功能在于确保数据的稳定传输与系统的高效运行。网络设备包括路由器、交换机、网关等，这些设备的性能直接影响到会计信息系统的整体效率。通过合理的网络架构设计，企业能够实现各部门间数据的无缝对接，从而提高决策的及时性与准确性。在会计信息化的背景下，网络设备的稳定性对于会计数据的实时处理和分析至关重要。

在会计信息化过程中，网络设备的安全性配置是一项关键任务。企业必须配置防火墙和入侵检测系统，以保护会计数据免受外部威胁。这些安全措施不仅能防止恶意攻击，还能确保敏感财务信息的机密性和完整性。此外，企业还需定期更新安全策略，以应对不断变化的网络威胁环境。通过构建一个安全可靠的网络环境，企业可以有效降低数据泄露的风险，保障会计信息的安全。

网络设备的性能优化策略是提升数据传输速度与网络稳定性的关键。通过优化网络带宽、减少延迟和丢包率，企业可以支持实时会计信息处理，满足高效运营的需求。性能优化还包括对网络设备的硬件升级和软件更新，以适应不断增长的数据处理量和复杂的业务需求。这种优化不仅提高了系统的响应速度，还增强了企业的竞争力。

网络设备的可扩展性设计对于满足企业未来发展需求至关重要。随着企业规模的扩大和业务的多元化，网络设备必须具备灵活性和适应性，以支持会计信息系统的持续发展。通过模块化设计和灵活的配置策略，企业可以在不影响现有系统运行的情况下，轻松扩展网络设备的功能和容量。这种可扩展性设计为企业的长远发展提供了坚实的技术支持。

网络设备的管理与维护流程是保障会计信息系统连续性与安全性的基础。企业应制订详细的管理和维护计划，包括定期检查、故障排除和设备更新，以确保网络设备的正常运行。通过建立完善的管理制度和培训专业的技术人员，企业可以有效减少网络故障的发生频率，提高系统的可靠性和稳定性。这不仅有助于维持会计信息系统的高效运作，还能降低因网络故障导致的业务中断风险。

二、会计信息化系统的软件构成

（一）操作系统

在会计信息化系统中，操作系统不仅是整个系统的运行平台，还直接影响到系统的性能和稳定性。选择合适的操作系统需要充分考虑企业的具体需求，包括系统的处理能力、支持的硬件平台以及对特定会计软件的优化支持。这种选择不仅需要技术人员的专业判断，还需要结合企业的实际业务需求和未来发展方向，以确保信息化系统能够长期稳定高效地运行。

安全性是操作系统选择中不可忽视的一个重要方面。通过设置用户权限管理和实施数据加密，操作系统可以有效地保护会计信息的安全性，防止未授权的访问和数据泄露。用户权限管理不仅涉及不同层级用户的操作权限分配，还包括对敏感数据的访问控制和操作记录的审计功能，这些都是确保信息安全的重要手段。此外，数据加密技术的应用可以在信息传输和存储过程中提供额外的安全保障。

兼容性问题也是操作系统选择中的关键考量。会计信息化系统通常需要与多种会计软件及其他企业管理系统进行交互，因此操作系统必须具备良好的兼容性。这种兼容性不仅体现在对不同软件运行环境的支持上，还包括对数据格式的兼容和接口的开放性，以确保信息在各系统间的顺畅流通和高效处理。这种兼容性要求操作系统在设计和开发过程中充分考虑未来可能的扩展需求和技术更新。

操作系统的维护与更新策略直接关系到整个会计信息化系统的安全性和性能。定期进行系统更新和补丁管理是防止安全漏洞、抵御网络攻击的重要措施。通过及时更新操作系统，可以修复已知的安全缺陷和优化系统性能，从而延长系统的使用寿命并降低维护成本。这一策略需要企业技术部门的高度重视和严格执行，以确保系统始终处于最佳运行状态。

（二）数据库管理系统

在会计信息化中，数据库管理系统不仅是数据存储和管理的核心工具，还通过其基本功能确保会计信息的高效管理。数据库管理系统的基本功能包括数据的存储、检索、更新和删除，这些功能的有效实施能够极大提高会计信息系统的效率和可靠性。通过高效的数据检索功能，财务人员可以快速获取所需信息，从而支持及时的决策制定和财务分析。这种高效管理能力是会计信息化系统成功的基石。

数据库设计的重要性在于其对系统整体性能的影响。合理的数据库结构设计能够显著提高数据访问速度，优化系统性能。一个良好的数据库设计需要考虑数据的规范化，以减少冗余，提高数据一致性。同时，合理的索引设计和查询优化策略也能提升系统的响应速度。会计信息化系统中的数据量庞大且复杂，因此，数据库设计的优劣直接关系到系统的运行效率和用户体验。

确保数据的完整性和一致性是数据库管理系统的重要任务之一。通过设置约束条件和事务管理机制，数据库管理系统能够维护数据的准确性和可靠性。例如，外键约束可以确保数据之间的关系一致，而事务管理则通过“原子性、一致性、隔离性、持久性”原则（ACID 原则）保障数据操作的完整性。会计数据的准确性对于企业财务决策至关重要，因此，数据完整性和一致性保障措施是会计信息化系统不可或缺的组成部分。

数据库的备份与恢复机制是会计信息化中数据安全策略的核心部分。制定有效的备份策略可以防止数据丢失和系统故障带来的损失。定期的全量备份和增量备份相结合，可以在系统发生故障时快速恢复数据，确保业务的连续性。此外，灾难恢复计划的制订也是保障系统稳定运行的重要措施，能够在紧急情况下快速恢复系统功能。

数据库安全策略是保护会计数据免受未授权访问和数据泄露风险的关键。通过访问控制机制，系统可以限制不同用户的权限，确保只有授权人员才能访问敏感数据。此外，加密技术的应用也能有效保护数据的机密性。在会计信息化系统中，数据安全是重中之重，因为财务数据的泄露不仅可能导致经济损失，还可能损害企业的声誉。

（三）应用软件

会计信息化系统中的应用软件是企业信息化建设的重要组成部分。应用软件不仅仅是一个工具，还是企业财务管理的核心。应用软件的功能模块设计至关重要。会计应用软件通常包括财务会计、管理会计和成本会计等模块。每个模块都针对企业的特定需求进行设计，以满足不同的会计需求。例如，财务会计模块主要关注财务报表的生成和财务数据的合规性，管理会计模块侧重于预算控制和绩效分析，而成本会计模块则帮助企业进行成本核算和控制。这些模块的设计不仅需要考虑企业的当前需求，还需具备一定的灵活性，以适应企业未来的业务发展。

会计应用软件的数据集成能力是其核心功能。通过集成不同来源的数据，软件能够提供更为准确和实时的数据分析。这种数据集成能力不仅提高了数据的准确性，还能帮助企业在瞬息万变的市场环境中做出快速反应。数据集成通常涉及不同系统之间的数据交换和共享，如ERP系统、客户关系管理系统等。通过实现数据的无缝对接，企业可以获取全面的数据视图，从而更好地进行决策支持。这一能力在当前大数据背景下显得尤为重要，因为数据的准确性和及时性直接关系到企业的竞争力。

用户体验优化是会计应用软件开发中不可忽视的环节。直观的操作界面和便捷的功能布局能够显著提高会计人员的工作效率。用户体验不仅影响软件的易用性，还直接关系到用户的满意度和软件的使用效果。为了优化用户体验，开发者需要充分了解用户的操作习惯和实际需求，设计出符合用户期望的软件界面。不仅如此，软件的功能布局也需要经过精心设计，以便用户能够快速找到所需功能，减少不必要的操作步骤，从而提高整体工作效率。

为了更好地支持企业的业务流程，会计应用软件的定制化服务显得尤为重要。不同企业在业务流程、管理模式和信息化需求上存在显著差异，因此，标准化的软件往往难以满足所有企业的需求。通过定制化服务，软件开发商可以根据企业的特定需求进行软件的调整和优化。这不仅提高了软件的适用性，还能更好地支持企业的独特业务流程，增强企业的核心竞争力。定制化服务通常包括功能模块的调整、界面设计的优化以及数据接口的开发等。

三、会计信息化系统的数据管理功能

（一）数据录入与存储

在会计信息化系统中，数据录入与存储是核心功能。数据录入的自动化技术，如光学字符识别和条形码扫描，显著提高了数据录入的效率和准确性。这些技术通过减少人工输入的需求，降低了人为错误的发生率，使得会计信息系统能够更快速地处理大量数据。这种自动化的进步不仅提高了操作效率，也为会计信息化系统的广泛应用奠定了基础。

数据存储的结构设计在会计信息化系统中至关重要。合理的数据表设计和索引策略是优化数据检索速度和存储效率的关键。通过精心设计的数据结构，系统能够更高效地处理查询请求，减少数据检索的时间。这种设计不仅提高了系统的响应速度，还降低了存储空间的浪费，从而提升了整体系统的性能和用户体验。

数据录入的标准化流程是确保数据一致性的重要手段。在会计信息化系统中，所有数据均需以统一格式录入，以减少错误和提高数据的一致性。标准化的流程能够确保不同来源的数据在录入系统时保持一致的格式，从而提高数据质量。这种一致性对于后续的数据分析和决策支持至关重要，是实现高效数据管理的基础。

数据存储的安全性措施是会计信息化系统中不可或缺的一部分。通过加密和访问控制等技术，可以有效确保存储数据的安全性，防止未授权访问。安全性措施的实施不仅保护了敏感的财务信息，也增强了用户对系统的信任。这些措施对于维护数据的完整性和保密性至关重要，是信息化系统安全管理的重要环节。

（二）数据处理与分析

随着信息技术的进步，传统的会计数据处理方式逐渐为自动化工具所取代。这些工具通过减少人工干预，提高了数据处理的效率和准确性。自动化软件不仅能快速处理大量数据，还能在数据输入、整理和输出的各个环节有效减少人为错误的发生。通过运用这些先进的自动化工具，企业能够更好地管理其财务信息流动，确保数据的及时性和准确性，从而为管理决策提供坚实的基础。

在数据分析方面，会计信息化系统提供了多样化的方法，以满足不同的分析需求。描述性分析能够帮助企业理解过去的财务表现，通过总结和描述数据的基本特征，为管理层提供全面的财务状况概览。预测性分析利用历史数据和统计模型，帮助企业预测未来的财务趋势和风险，从而进行前瞻性的决策。规范性分析则专注于优化决策过程，通过制定规则和模型，提供最优的决策建议。这些分析技术的结合应用，使会计信息化系统能够支持企业在不同情境下的决策需求。

实时数据分析的重要性在现代企业管理中越发显著。通过实时处理数据，企业能够及时获取最新的财务信息，从而快速响应市场变化。这种实时性不仅提高了企业的反应速度，还增强了管理层在决策时的信心。实时数据分析能够为企业提供动态的市场洞察力，帮助企业在竞争激烈的市场竞争中保持优势。

通过及时的财务数据更新，管理层能够更好地调整战略，确保企业在不断变化的市场环境中保持灵活性和适应性。

数据可视化技术的应用进一步提升了会计信息化系统的数据分析能力。通过使用图表和仪表盘等可视化工具，复杂的数据分析结果变得更加直观和易于理解。数据可视化不仅提高了数据的可读性，还增强了决策支持能力。管理层可以通过这些工具快速获取关键财务指标，识别潜在问题，并做出相应的调整。可视化技术的引入，使数据分析不再是停留在技术层面，而是成为企业战略决策的重要组成部分。

数据质量管理是会计信息化系统中不可或缺的环节。确保数据的准确性和一致性对于企业的财务管理至关重要。数据清洗和验证是实现高质量数据的关键步骤。通过实施最佳实践，企业能够有效减少数据冗余和错误，提高数据的可靠性。数据质量管理策略的有效实施，不仅能提升企业的数据管理水平，还能为企业的长远发展奠定坚实的基础。

（三）数据备份与恢复

会计信息化系统中的数据备份与恢复功能是保障信息安全与业务连续性的关键环节。在现代企业中，数据备份策略的制定是至关重要的，它不仅需要考虑到数据的完整性和安全性，还要确保备份的频率和方式能够满足企业的实际需求。定期备份会计数据是防止因意外情况导致数据丢失的有效措施。通过制订详细的备份计划，企业可以在系统故障或数据损坏时迅速恢复数据，确保业务的正常运作。

数据备份的多重存储方案是提高数据恢复灵活性和安全性的另一重要策略。传统的本地备份方法虽然便捷，但在遭遇自然灾害或硬件故障时，数据的安全性可能受到威胁。因此，越来越多的企业选择将数据备份至云端，以实现异地存储。这种方法不仅提高了数据恢复的灵活性，还通过云服务提供商的安全措施，增强了数据的安全性。此外，云备份的扩展性和可用性使企业在数据量增加时，能够快速调整备份策略，满足业务需求。

数据恢复流程的规范化是确保在数据丢失后能够迅速且有效地恢复系统和数据的关键。规范的数据恢复流程不仅包括恢复步骤的详细描述，还涉及责任分配和时间节点的明确。在数据丢失事件发生时，规范化的流程能够帮助企业快速定位问题，执行恢复操作，减少业务中断时间。通过定期演练和流程优化，企业可以不断提高数据恢复的效率和可靠性，确保在紧急情况下的快速响应能力。

备份数据的加密措施是保护数据安全性的重要手段。随着信息安全威胁的不断增加，未授权访问和数据泄露成为企业面临的重大风险。通过对备份数据进行加密，企业可以有效防止敏感信息的泄露。加密技术的应用不应仅限于数据传输过程，还要覆盖数据存储阶段，确保备份数据在整个生命周期中的安全性。选择合适的加密算法和密钥管理策略，是企业在数据备份过程中需要重点考虑的问题。

备份与恢复测试的定期进行是确保备份方案有效性和可靠性的必要步骤。通过定期测试，企业可以及时发现备份和恢复过程中的潜在问题，并采取相应措施进行改进。这不仅有助于验证备份数据的完整性和可用性，还能提高团队在实际恢复操作中的熟练程度。

四、会计信息化系统的安全保障功能

（一）身份认证与授权

身份认证与授权是会计信息化系统安全保障功能的核心组成部分，其基本原理在于确认和验证用户身份，以确保只有经过授权的人员能够访问系统。身份认证不仅是一个技术问题，还是一个管理问题，通过合理的身份认证机制，能够有效地防止未经授权的访问，保护系统的数据安全。用户身份的确认通常涉及用户凭证的验证，如用户名和密码，而更为高级的系统可能会采用生物识别技术或其他更为复杂的验证手段，以提升安全性。

多因素身份认证的应用在当今会计信息化系统中越发普遍，这种方法通过结合多种验证手段，如密码、生物识别和安全令牌等，显著提高了系统的安全性。多因素认证的优势在于，即使某一验证手段被攻破，其他验证手段仍然能够提供额外的安全保障。这种多层次的安全机制有效地防范了单点故障的风险，增强了系统的整体安全性。

身份授权的管理策略是确保会计信息化系统安全运行的重要环节。通过定义不同用户角色的权限，系统能够确保用户只能访问与其职责相关的信息，避免不必要的数据泄露和安全风险。角色权限的合理分配不仅提高了系统的安全性，也提高了操作的效率，确保了系统资源的合理利用。

身份认证与授权的审计机制是保障系统安全的最后一道防线。通过定期检查和记录用户访问行为，系统能够及时发现和防范潜在的安全威胁。这种机制不仅能够帮助识别异常活动，还能为安全事件的调查提供重要的证据支持，从而增强系统的防护能力。

（二）数据加密与防护

在会计信息化系统中，数据加密与防护是确保信息安全的关键环节。数据加密技术的基本原理在于通过复杂的加密算法对会计数据进行保护，防止未授权的访问和数据泄露。加密算法通常包括对称加密和非对称加密两种方式。对称加密使用相同的密钥进行加密和解密，速度较快，适用于数据量大且需要快速处理的场合。然而，其安全性依赖于密钥的保密性，一旦密钥泄露，数据安全即受到威胁。因此，在实际应用中，对称加密常用于内部系统的数据保护。

在会计信息化中，选择合适的加密方式至关重要。对称加密和非对称加密各有其应用场景。非对称加密采用公钥和私钥两种密钥，公钥用于加密，私钥用于解密，安全性更高，适用于需要高安全性的数据传输场合。然而，由于运算复杂度较高，非对称加密的处理速度较慢，通常用于小数据量或需要高度安全的场合，如数字签名和密钥交换。在会计信息化中，根据具体的安全需求，合理选择加密方式可以有效地提高系统的安全性。

数据传输过程中的加密措施是保障数据安全性和完整性的一个重要方面。使用 SSL/TLS 等协议可以在数据传输时提供加密保护，防止数据在传输过程中被窃取或篡改。SSL/TLS 协议通过建立安全连接，确保数据在传输中的保密性和完整性，广泛应用于网络通信和数据交换中。在会计信息化系统中，采用这些协议可以有效防止数据传输中的安全风险，确保敏感会计信息的安全。

加密密钥管理是数据加密与防护中的重要环节。密钥的安全存储和定期更换是防止密钥泄露带来安全风险的关键措施。密钥管理系统应具备高安全性，确保密钥在存储和使用过程中的安全。此外，定期更换密钥可以有效防止因密钥长期使用而导致的安全隐患。在会计信息化系统中，建立完善的密钥管理机制是确保数据加密措施有效性的基础。

数据加密合规性要求是会计信息化中不可忽视的部分。在实施数据加密措施时，必须遵循相关法律法规，确保加密措施的合规性和有效性。不同国家和地区对数据加密有不同的法律要求，企业在进行会计信息化建设时，应充分了解并遵循这些要求，以避免法律风险。在会计信息化系统中，合规性不仅关乎企业的法律责任，也直接影响到系统的安全性和可信度。

（三）安全审计与监控

安全审计与监控在会计信息化系统中扮演着至关重要的角色。安全审计的定义与重要性体现在其能够确保数据完整性和防止未授权访问。通过对系统访问和操作的详细记录，安全审计为企业提供了一个全面的安全管理框架，帮助识别潜在的安全漏洞和违规行为。特别是在信息化程度日益提高的背景下，安全审计成为保障企业信息资产安全的基石。其重要性不仅体现在技术层面，还涉及法律合规和企业声誉的维护。

安全审计的实施流程是确保系统安全性和合规性的重要环节。首先是制订详尽的审计计划，计划中应明确审计的范围、目标和方法。其次是审计活动的执行阶段，审计人员需要根据计划对系统进行全面检查，识别潜在的安全风险。最后是审计结果的分析，通过对审计发现的总结和评估，形成具体的改进建议。此流程的科学性和严谨性直接关系到系统的安全保障能力，确保企业在信息化进程中不偏离法律法规的轨道。

安全监控技术的应用是会计信息化系统中一个不可或缺的部分。实时监控工具的使用，可以有效检测系统中的异常活动和潜在威胁。这些工具通过分析系统日志、网络流量和用户行为，能够及时发现并阻止异常操作。安全监控不仅提高了系统的即时响应能力，也为企业提供了一个动态的安全防护屏障，确保在面对复杂多变的安全威胁时，能够迅速采取应对措施，降低潜在的损失和风险。

安全审计报告的编写与分析是安全管理的重要组成部分。定期生成审计报告不仅有助于管理层了解系统的安全状态，还能为决策提供依据。通过对审计数据的深入分析，管理层可以识别系统中的薄弱环节，制定针对性的改进措施。审计报告的质量和准确性直接影响到企业的安全战略和投资方向，因此在编写和分析过程中应保持高度的专业性和严谨性。

第三节　会计信息化教学的理论基础

一、信息化教育理论

（一）信息化教学模式

信息化教学模式是现代教育发展的重要趋势。它强调以学生为中心，鼓励学生主动参与学习过程，通过互动和合作的方式，增强学习效果。这种模式打破了传统教学中教师单向传授知识的局限，强调学生在学习中的主体地位。通过引导学生进行自主探究和团队合作，信息化教学模式不仅提高了学生的学习积极性，还促进了他们批判性思维和问题解决能力的发展。这种以学生为中心的教学理念在会计信息化教学中尤为重要，因为它能够帮助学生更好地理解复杂的会计概念和信息技术应用。

会计信息化教学模式充分利用多媒体技术，丰富了教学内容，并提升了学生的学习兴趣和信息获取能力。通过视频、动画、虚拟现实等多种形式，教师可以将抽象的会计概念形象化，使学生更容易理解和记忆。同时，多媒体技术还为学生提供了多样化的学习资源，学生可以根据自己的节奏进行学习，进而提高学习效率。这种技术的应用不仅增加了教学内容的呈现方式，也为学生提供了更广阔的学习视野，使其能够在信息化环境中更好地适应未来的职业需求。

在信息化教学模式中，实践与理论的结合是一个重要的教学策略。通过模拟和实训，学生可以在真实或接近真实的环境中进行操作，提升实际操作能力。这种实践导向的教学方法不仅增强了学生的就业竞争力，还促进了他们对会计信息化工具和技术的熟练掌握。实践教学使学生能够将理论知识应用于实际问题的解决中，从而培养出既具备扎实理论基础，又具备实践能力的复合型人才。

信息化教学模式还强调跨学科知识的整合，促进会计与信息技术的融合，培养学生的综合素质和创新能力。在现代信息化环境中，会计工作不再仅限于传统的财务报表编制和分析，还涉及信息系统的设计和管理。因此，学生需要具备跨学科的知识背景，能够将会计与信息技术有机结合。通过这种跨学科的教学模式，学生不仅能够掌握会计专业知识，还能具备信息技术应用能力，从而在竞争激烈的就业市场中脱颖而出。

（二）信息化教学资源

在会计信息化教学中，信息化教学资源的多样性，包括视频教程、在线课程和虚拟实验室，能够满足不同学生的需求。通过视频教程，学生可以在视觉上直观地理解复杂的会计信息化概念，而在线课程则提供了灵活的学习时间和地点选择，使得学生能够根据自己的节奏进行学习。虚拟实验室则为学生提供了实践操作的机会，使他们能够在模拟环境中应用所学知识，提升实践能力。这些丰富的教学资源不仅拓展了传统教学的边界，也为会计信息化教学的创新提供了坚实的基础。

在会计信息化教学中，教学平台的选择与搭建是一个关键环节。灵活的在线学习管理系统能够有效支持课程内容的发布和学生的互动交流。在选择平台时，需要考虑其功能的全面性和用户的易用性，以确保能够顺利地进行课程的实施和管理。通过这些平台，教师可以轻松地组织教学内容，发布学习资料，并与学生进行实时互动。这种互动不再局限于教师与学生之间，学生之间的交流与合作也同样重要，有助于培养学生的团队合作能力和沟通技巧。

教学资源的更新与维护是确保教学质量的重要因素。随着会计信息化技术和实践的快速发展，教材和工具的及时更新显得尤为重要。教师需要定期审视所使用的教学资源，确保其反映最新的行业动态和技术应用。这不仅有助于学生掌握前沿的会计信息化知识，还能够激发他们的学习兴趣和动力。通过不断更新和维护教学资源，教学内容可以始终保持与实际应用的高度相关性，增强学生的竞争力。

教师专业发展与培训在信息化教学中同样不可或缺。提供教师关于信息化教学方法和工具的持续培训，有助于提升其教学能力。通过参加专业发展课程和研讨会，教师可以了解最新的教学技术和方法，并将其应用于课堂教学中。这不仅有助于提高教学效果，还能够激发教师的创新意识和积极性，使他们能够更好地适应信息化教学环境的变化。

（三）信息化教学评价

信息化教学评价在会计信息化教育中扮演着关键角色，其主要目的在于全面评估学生的学习效果，确保教学目标的实现与课程内容的有效性。通过科学的评价体系，教师能够更好地了解学生在学习过程中所取得的进步，以及课程设置是否有效地促进了学生的知识掌握和技能应用。信息化教学评价不仅关注学生的当前表现，还为未来的教学提供了重要的参考依据。

在信息化教学评价中，方法的多样化是必不可少的。结合定量与定性评估，可以全面反映学生在知识掌握、技能应用和创新能力等方面的表现。这种多维度的评价方式不仅能够提供更全面的学生学习效果，还能帮助教师识别出教学中的薄弱环节，从而进行有针对性的改进。通过数据分析和学生反馈，教师可以调整教学策略，以更好地满足学生的个性化需求。

建立有效的反馈机制是信息化教学评价的核心之一。通过定期的评价与反馈，教师可以及时调整教学策略，以满足学生的学习需求和提高教学质量。反馈机制不仅有助于学生理解自己的学习进展，还能激发其学习兴趣和动力。通过师生之间的互动交流，评价不再是单向的，而是成为一个促进教学相长的双向过程。

信息化教学评价的标准应明确且具可操作性，确保学生能够清晰理解评价的依据及其在学习过程中的重要性。明确的评价标准能够帮助学生设定合理的学习目标，并在学习过程中保持积极性和方向感。同时，教师也能更有效地实施教学计划，确保教学活动的每一个环节都紧扣教学目标。

二、会计学科教学论

（一）会计教学目标

会计教学目标在会计信息化教学中扮演着至关重要的角色。它不仅明确了学生在会计信息化领域所需掌握的专业知识与技能，还确保学生能够熟练应用关键的概念与技术。这一目标的设定需要深刻理解会计信息化的发展起源及其在现代经济中的重要性，以便为学生提供一个全面而系统的学习框架。在教学过程中，教师应通过多样化的教学方法和策略，帮助学生奠定扎实的理论基础，并通过案例分析等实践活动，提升其解决实际问题的能力。

教学目标的设定需与行业需求紧密结合，这是确保学生具备适应现代会计环境能力的关键。当前，会计行业正经历着信息化与智能化的深刻变革，教学目标应及时反映这些变化，为学生提供与时俱进的知识体系。通过对国内外会计信息化发展趋势的分析，教学内容应涵盖最新的技术应用与行业动态，使学生在毕业后能够迅速适应职场变化，提升其就业竞争力。同时，结合行业的真实需求，课程设计需引导学生关注会计信息化中的新兴问题和挑战，培养其创新思维和解决问题的能力。

在课程设计中，考虑学生的不同学习背景与能力，设定分层次的学习目标是促进个性化学习与全面发展的重要策略。会计信息化教学应尊重学生的个体差异，通过分层教学和个性化指导，帮助学生在各自的学习路径上实现最佳发展。教师可以利用多元化的教学资源和灵活的教学方式，激发学生的学习兴趣与动力，鼓励他们在自主学习中探索会计信息化的广阔领域。这样的教学设计不仅能提升学生的学习效果，还能增强其对会计信息化的理解和应用能力。

教学目标的可测量性是确保教学效果反馈与改进的基础。通过设计科学合理的评估工具，教师可以对学生的学习成果进行客观判断。评估不仅关注学生对知识的掌握程度，还应考查其在实际情境中的应用能力。因此，教学评估应包括理论考试、实践操作以及项目报告等多种形式，以全面反映学生的学习成效。通过定期的教学反馈，教师可以及时调整教学策略，持续改进教学质量，确保学生在会计信息化领域的学习达到预期目标。

（二）会计教学内容

会计教学内容是会计信息化教学的核心组成部分，其设计直接影响着学生对会计信息化的理解和应用能力。在现代教学中，课程内容不仅涵盖传统会计理论，还需要融入信息化的基本概念与原理。这种融合旨在帮助学生掌握会计信息化的核心思想，理解其在现代会计实践中的应用价值。通过系统化的教学，学生能够将理论知识与信息技术相结合，培养出能够适应信息化时代需求的会计专业人才。

会计信息化的基本概念与原理是会计信息化教学的基础。理解这些概念有助于学生掌握会计信息化的核心思想，并将其应用于现代会计实践中。会计信息化涉及将信息技术与会计活动相结合，以提高会计工作的效率和准确性。通过教学，学生能够认识到信息化在会计中的重要性，并学习如何利用信息技术来优化会计流程，提高决策的效率和准确性。

会计信息化系统的组成部分是学生必须掌握的关键内容之一。系统通常包括硬件、软件、数据库等多个部分，每一部分都有其独特的功能和作用。在教学中，详细介绍这些组成部分及其相互关系，能够帮助学生全面了解系统的整体架构。通过对系统功能的深入学习，学生可以掌握如何有效地利用信息化系统进行会计数据处理和财务分析，为企业的财务管理提供支持。

会计信息化在企业财务管理中的应用是提高财务决策效率和准确性的关键因素。通过信息化技术，企业可以实现财务数据的实时采集、处理和分析，进而为管理层提供准确的财务信息支持。在教学中，通过案例分析，学生可以了解会计信息化如何在实际企业中应用，以及如何通过信息化手段优化财务管理流程，提高企业的财务决策能力和市场竞争力。

法律法规与合规要求是会计信息化实施过程中必须遵循的重要原则。在教学中，强调这些法律法规有助于学生理解在信息化环境下的合规操作要求。通过学习相关法律标准，学生能够认识到合规的重要性，并在实际工作中确保信息化系统的合法性和合规性。这不仅是对企业的保护，也是对会计职业道德的坚守。

（三）会计教学方法

在会计信息化教学中，有效的教学方法能够帮助学生更好地理解复杂的会计信息系统，提高他们的学习效率和应用能力。现代会计教学方法的探索与创新，旨在适应信息化时代的需求，提升学生的综合素养和职业竞争力。通过多样化的教学手段，教师可以激发学生的学习兴趣，促进其主动学习和深度思考，使他们在会计信息化的浪潮中立于不败之地。

翻转课堂是一种创新的教学方法，它颠覆了传统课堂的教学模式。通过鼓励学生在课前自主学习相关知识，翻转课堂将课堂时间用于讨论与实践。这种方法不仅提高了学生的参与感和主动性，还促进了学生对会计信息化知识的深刻理解。在翻转课堂上，学生们可以通过小组讨论、案例分析等方式，深入探讨会计信息化的应用与挑战，从而在实践中巩固理论知识。这种互动式学习环境也有助于培养学生的批判性思维和问题解决能力。

项目导向学习是一种以学生为中心的教学策略，它通过设计与会计信息化相关的实际项目，帮助学生在真实的情境中应用所学知识。在项目导向学习中，学生需要在团队中合作完成任务，这不仅培养了他们的项目管理能力和团队协作精神，还提高了其创新思维和实践能力。通过与实际项目的紧密结合，学生能够更好地理解会计信息化在企业管理中的重要性，并为未来的职业生涯做好准备。

模拟实训是会计信息化教学中的重要环节，它通过虚拟实验室或仿真软件，为学生提供了一个安全且可控的实践环境。在这个环境中，学生可以进行会计信息化操作，增强其实践技能和应对真实场景的能力。模拟实训不仅帮助学生熟悉会计软件的操作流程，还提高了他们在处理复杂数据时的准确性和效率。这种实践导向的教学方式，使学生在进入职场之前就具备了一定的实战经验。

多媒体辅助教学通过利用视频、动画和互动软件等多种媒体形式，丰富了会计信息化教学的内容。这种教学方法不仅提高了学生的学习兴趣，还增强了信息的吸收效果。通过生动形象的多媒体展示，学生能够更直观地理解抽象的会计信息化概念和流程。此外，多媒体辅助教学还为学生提供了随时随地学习的便利条件，使他们能够根据自己的学习节奏，自主安排学习时间和内容。

三、教学设计理论

(一) 教学目标设定

教学目标设定在会计信息化教学中起着至关重要的作用。明确教学目标的具体内容是确保学生在会计信息化领域学习具有针对性和实用性的关键。通过清晰的目标设定，教师能够引导学生在学习过程中聚焦于关键知识点，提高学习效率。此外，教学目标的设定需要与行业发展趋势相结合，以便学生能够在学习过程中理解当前市场的需求和变化。这种结合不仅增强了教学的实用性，还提高了学生的就业竞争力。

设定可测量的标准对于教学目标的实现至关重要。通过评估工具，教师可以客观判断学生在知识掌握和技能应用方面的表现。这种标准化的评估方法不仅有助于教师了解学生的学习进度，还能帮助学生明确自身的优势与不足，从而在后续学习中进行有针对性的提升。评估工具的使用也为教学效果的改进提供了重要的数据支持，使得教学过程更加科学和高效。

结合实际工作场景设定教学目标，可以确保学生的学习与行业需求相符。在会计信息化领域，学生需要掌握的不仅是理论知识，还包括如何在实际工作中应用这些知识。因此，教学目标的设定应充分考虑行业的实际需求，使学生能够在学习中模拟真实的工作环境，锻炼解决实际问题的能力。这种实践导向的教学目标设定，能够有效提升学生的职业准备度，使其在未来的职业生涯中更具竞争力。

考虑到学生的不同学习基础和能力，提供分层次的学习目标是促进个性化学习和全面发展的重要策略。每位学生在初学会计信息化课程时，其知识背景和学习能力各不相同。通过分层次的目标设定，教师可以为不同水平的学生制定适合的学习路径，满足个性化需求。这种方法不仅尊重了学生的个体差异，还激励学生在各自的学习轨迹上不断进步，实现全面发展。

(二) 教学策略选择

在会计信息化教学中，教学策略不仅决定了教学内容的呈现方式，还直接影响着学生的学习效果。基于项目的学习策略是一种有效的教学方法，通过实际项目驱动学生的学习，能够显著提升其解决实际问题的能力和团队协作能力。

在这种策略下，学生通过参与真实或模拟的项目，获得了在现实情境中应用所学知识的机会。这种学习模式不仅增强了学生的实践能力，还培养了他们的批判性思维和创新能力。此外，项目学习策略还鼓励学生在团队中分工合作，通过相互交流和分享，提升了沟通能力和团队合作精神。

翻转课堂策略是一种重要的教学方法，旨在鼓励学生在课前进行自主学习，并在课堂上进行深入讨论和实践。这种策略的核心在于将传统的教学模式颠倒过来，使学生能够在课前通过视频、书籍等资源进行基础知识的学习，从而在课堂上有更多时间进行问题探讨和实际操作。翻转课堂策略不仅增强了学生的学习主动性，还提高了课堂互动的质量。通过这种方式，教师能够更好地了解学生的学习进度和理解程度，从而进行更有针对性的指导和帮助，最终实现教学效果的最大化。

模拟实训策略在会计信息化教学中也发挥着重要作用。利用虚拟实验室或仿真软件提供真实的操作环境，帮助学生提升实际操作技能。这种策略通过模拟真实的会计工作环境，使学生能够在一个安全且可控的环境中进行练习，有效减少了实际操作中的风险和错误。同时，模拟实训策略还能够帮助学生将理论知识与实践操作相结合，提升其综合运用能力。这种策略的实施不仅提高了学生的实际操作水平，还增强了他们在真实工作环境中的适应能力。

多媒体辅助教学策略通过运用视频、动画和互动软件等多种媒体形式，丰富了教学内容，增强了学生的学习兴趣。在会计信息化教学中，复杂的理论和抽象的概念往往难以通过传统的教学方式传达，而多媒体技术的引入，使得这些内容能够以更直观、生动的方式呈现给学生。通过多媒体辅助教学，学生不仅能够更好地理解复杂的概念，还能在互动过程中提高学习的参与度和积极性。这种策略的应用，极大地提升了教学的有效性和学生的学习体验。

分层次教学策略根据学生的不同学习基础和能力，提供适合的学习路径，确保每位学生都能有效参与并取得进展。这种策略强调因材施教，通过对学生进行学习基础和能力的评估，制订个性化的学习计划。分层次教学不仅关注学生的个体差异，还通过提供多样化的学习资源和支持，帮助学生克服学习中的困难，取得更好的学习效果。

（三）教学评价设计

在会计信息化教学中，教学评价设计是确保教学效果的重要环节。教学评价不仅是对学生学习成果的检验，还是教学过程中的重要反馈机制。教学评价设计应包括对学生知识掌握程度的定量评估，以确保学生能够理解会计信息化的基本概念和应用价值。这种评估通常通过定期测试和作业来进行，帮助教师了解学生对基础知识的掌握情况，进而调整教学内容和进度，以便更好地满足学生的学习需求。

评价标准的制定应涵盖学生在实际操作中的表现，特别是在使用会计信息化软件进行日常会计处理方面的能力。学生需要在模拟或真实的环境中操作软件，完成从数据录入到报告生成的整个流程。通过这种实践性评估，教师可以观察学生在软件使用中的熟练程度，并给予他们个性化的指导和支持。这种实践评估不仅提升了学生的操作技能，还增强了他们对会计信息化系统的整体理解。

为了保证教学的持续改进，教学评价设计中必须包含定期的反馈机制。这种机制不仅限于教师对学生的反馈，还包括学生对教学内容和方法的反馈。通过收集学生的意见和建议，教师可以及时调整教学策略，以便更好地适应学生的学习风格和需求。同时，反馈机制也为学生提供了一个反思和改进的机会，使他们能够在学习过程中不断进步和提升。

在教学评价中，学生的创新思维水平应被视为一个重要的考核指标。会计信息化不仅要求学生掌握技术技能，还需要他们具备创新能力，以应对快速变化的商业环境。因此，教学评价应鼓励学生在项目中提出新颖的解决方案和想法。这种创新能力的培养可以通过开放式问题、案例分析和项目设计等方式来实现，激发学生的创造力和批判性思维。

四、学习科学理论

（一）学习动机理论

学习动机理论在会计信息化教学中扮演着关键角色，尤其是在强调内在动机的重要性方面。内在动机是指学生由于对会计信息化本身的兴趣和热情而产生的学习动力。这种动机能够促使学生主动参与学习活动，从而提高学习效果。通过激发学生对会计信息化的内在兴趣，教师可以帮助学生更好地理解复杂的会计信息系统，掌握相关技能，并在学习过程中体验到成就感和满足感。这种内在动机的培养需要教师在教学设计中融入丰富的学习资源和有趣的教学活动，以激发学生的好奇心和探究欲望。

尽管内在动机至关重要，但外在动机的作用同样不可忽视。在会计信息化教学中，设置合理的奖励机制和实际应用场景能够有效激励学生积极参与和表现。例如，通过模拟真实的会计信息化项目或案例分析，学生可以将所学知识应用于实际问题的解决，从而获得成就感和外在奖励。这种理论与实践结合的教学方法，不仅增强了学生的学习兴趣，还提高了他们的动手能力和实践技能。外在动机的激励作用在一定程度上能够弥补内在动机的不足，帮助学生在会计信息化学习中保持持续的动力。

目标导向的学习动机理论指出，明确的学习目标能够增强学生的学习意愿。在会计信息化课程中，教师需要为学生设定清晰且可实现的学习目标，以帮助他们保持专注和目标感。具体而言，这些目标可以是掌握特定的会计软件操作技能、理解会计信息系统的工作原理，或是完成一个与会计信息化相关的项目。通过设定阶段性目标，学生可以逐步实现自我提升，并在实现目标的过程中不断积累成就感。这种目标导向的学习策略不仅能够提升学生的学习动机，还能够帮助他们在会计信息化领域制订长期的学习计划。

自我效能感是影响学习动机的重要因素。在会计信息化教学中，学生在掌握相关技能后，自信心的增强会进一步激发他们更高的学习动机和探索欲望。教师可以通过提供及时的反馈和支持，帮助学生认识到自己的进步和能力，从而提升他们的自我效能感。例如，在完成一个会计信息化项目后，教师可以与学生一起回顾项目过程，肯定学生的努力和成果，同时指出可以改进的地方。这种正向反馈机制不仅能够增强学生的自信心，还能促使他们在未来的学习中更加积极主动。

社会支持系统对学习动机的影响也不容小觑。良好的同伴关系和教师的支持能够显著提升学生的学习动机，促进他们在会计信息化领域的深入学习和合作。学生在学习过程中，往往需要同伴的鼓励和教师的指导。因此，教师在会计信息化教学中应注重营造一个支持性学习环境，鼓励学生之间的合作与交流。通过小组讨论、项目合作等形式，学生可以相互学习、分享经验，增强学习的趣味性和互动性。

（二）学习认知过程

在会计信息化教学中，学习认知过程是理解学生如何吸收和处理信息的关键。学习认知过程中的信息加工理论，强调学生如何通过对新信息的编码、存储和提取来构建知识体系。信息加工理论认为，学生在学习过程中需要对信息进行有效的编码，以便在需要时能够迅速提取。通过这种方式，学生可以在会计信息化的学习中形成一个完整而有序的知识结构，从而提高其分析和解决实际问题的能力。这一理论的应用要求教师在教学中设计合理的学习活动，帮助学生有效地处理信息，提高学习效率。

建构主义学习理论则从另一个角度探讨学生在会计信息化学习中如何通过个人经验和社会互动来构建理解和知识。根据建构主义的观点，学习是一个主动的过程，学生通过与环境的互动以及与他人的交流，逐步建构起对会计信息化的理解。在这种学习过程中，教师的角色是引导者和促进者，通过创设真实的学习情境，激发学生的学习动机和兴趣，从而帮助他们更好地理解和应用所学知识。这种方法强调学生的自主性和创造性，有助于培养其批判性思维和问题解决能力。

认知负荷理论在会计信息化教学中具有重要的指导意义。该理论分析了如何设计学习任务以优化学生的认知负荷，从而提高学习效果。认知负荷可以分为内在负荷、外在负荷和相关负荷，教师在设计教学活动时需要合理控制这些负荷，以避免学生因过度的认知负荷而影响学习效果。通过使用简化的教学材料、分步指导和适当的反馈机制，教师可以有效地帮助学生管理认知负荷，提高学习效率和效果。

元认知策略的应用在会计信息化学习中同样重要。元认知策略强调学生通过自我监控和自我调节来提高学习效率。学生可以通过设定学习目标、监控学习进程和调整学习策略等方法，增强对学习过程的控制能力。这种自我调节的能力不仅有助于学生在会计信息化学习中提高成绩，还能培养其终身学习的能力。教师可以通过引导学生进行反思和自我评估，帮助其发展元认知能力。

情境学习理论探讨了真实情境对学生在会计信息化学习中知识应用和技能发展的影响。该理论认为，知识的学习和应用应发生在实际的情境中，以便学生能够将所学知识与实际问题相结合，从而提高其解决问题的能力。在会计信息化教学中，情境学习可以通过案例分析、项目学习和模拟实训等方式实现。这些方法不仅能够提高学生的学习兴趣和动机，还能帮助其在真实情境中应用和巩固所学知识，提高综合素质和实践能力。

（三）学习环境设计

在会计信息化教学中，有效的学习环境设计不仅能提升学生的学习效果，还能增强他们的学习动机和参与感。创建互动学习空间是其中的关键一步。通过小组讨论和项目合作，学生能够在互动中加深对会计信息化知识的理解。这种互动学习空间不仅激发了学生的学习兴趣，还培养了他们的团队合作能力和问题解决能力。在这样的环境中，学生不仅是知识的接受者，也是知识的探索者和创造者。

为了满足不同学生的学习需求，提供多样化的学习资源是必不可少的。在线课程、视频教程和虚拟实验室等多种形式的学习资源可以帮助学生根据自己的学习风格和节奏进行学习。这种多样化的资源不仅可以丰富学生的学习体验，还能帮助他们在会计信息化的复杂概念中找到适合自己的学习路径。通过这种方式，学生能够更加全面地理解和掌握会计信息化的知识和技能。

设计灵活的学习环境也是会计信息化教学中的重要策略。灵活的学习环境允许学生根据自身的学习进度和节奏进行学习，从而促进自主学习能力的提升。在这种环境中，学生可以自由安排学习时间和学习内容，逐步培养自我管理和自我调节的能力。这种自主学习能力的提升，不仅有助于学生在会计信息化课程中的表现，也为他们未来的职业发展奠定了坚实的基础。

构建支持性学习社区是学习环境设计的另一个重要方面。在这样的社区中，教师的指导和同伴的互动是学生学习的重要支持。通过教师的指导，学生可以获得专业的建议和反馈，这有助于他们更好地理解会计信息化的复杂概念。同伴的互动则为学生提供了一个分享和交流的平台，使他们在学习过程中感受到归属感和合作精神。这种支持性学习社区不仅增强了学生的学习效果，还促进了他们的社交能力和职业素养的提升。

第二章　会计信息化教学课程设计

第一节　会计信息化教学目标设定

一、会计信息化教学目标的层次划分

（一）基础层次目标

在会计信息化教学中，基础层次目标的设定至关重要。这一层次的目标旨在为学生打下坚实的基础，使其能够顺利过渡到更高层次的学习。基础层次目标的核心在于帮助学生构建对会计信息化的初步认知和技能掌握。通过系统的教学设计，学生将在这一阶段掌握必备的会计信息化基础知识，理解其在企业管理中的角色与作用。这不仅是学生后续学习的起点，也是他们在实际工作中应用信息化技能的基本要求。

学生掌握会计信息化的基本概念与术语是课程教学的关键起点。会计信息化涵盖了从数据采集、处理到报告生成的整个流程，涉及诸多专门术语。通过对这些概念和术语的学习，学生能够更好地理解信息化系统的运作机制及其在企业财务管理中的应用。教学中，教师应结合实际案例，引导学生在真实情境中识别和运用这些术语，以增强学生的实践能力和理论理解。

现代企业管理离不开信息化的支持。会计信息化作为企业信息化的重要组成部分，其重要性不言而喻。通过教学，学生应能理解会计信息化如何提高企业的管理效率、优化资源配置及提升决策质量。课程应强调信息化在企业管理中的具体应用场景，如预算管理、成本控制和财务报表分析等，使学生能够将理论知识与实际应用相结合，提升其综合分析能力。

熟悉常用会计软件的基本操作与功能是实现会计信息化教学目标的重要环节。会计软件是会计信息化的核心工具，学生需要掌握其基本操作技能，以便在实际工作中高效应用。教学中，应通过实践操作课程，帮助学生熟悉软件界面、功能模块及基本操作流程。通过模拟企业财务管理的真实环境，学生能够在操作中理解软件的功能及其对会计工作的支持作用。

会计信息化的基本流程与数据处理方法是学生必须掌握的内容。信息化流程包括数据的采集、录入、处理及输出，各环节的衔接与协调至关重要。学生需要理解每个环节的具体操作及其对整体流程的影响。教学中，教师应通过案例教学法，展示从数据录入到报表生成的完整流程，使学生能够在实践中掌握数据处理的方法与技巧，提升其数据管理能力。

（二）进阶层次目标

在会计信息化教学中，进阶层次目标旨在培养学生深入掌握和应用会计信息化系统的能力。这一目标不仅要求学生能够熟练操作和维护会计信息化系统，还需理解其在企业管理中的实际应用。掌握会计信息化系统的集成与应用，意味着学生应具备在真实工作环境中操作系统的能力，能够处理系统故障并进行日常维护。这种能力的培养有助于学生在未来的职场中迅速适应信息化环境，并为企业提供有效的技术支持。

进阶层次目标强调学生具备独立进行财务数据分析的能力。现代企业对财务数据的分析要求越来越高，学生需要熟练使用数据分析工具，以支持企业的财务决策。这不仅涉及对数据的简单处理，还能够从数据中提取有价值的信息，辅助管理层进行战略规划。通过深入的数据分析，学生可以为企业决策提供强有力的支持，提升企业的市场竞争力。

理解会计信息化对企业内部控制的影响也是进阶层次目标的重要组成部分。学生需要掌握如何设计合理的内部控制流程，以保障企业的财务信息安全与准确性。会计信息化在企业内部控制中扮演着关键角色，学生通过学习可以理解信息化系统如何帮助企业降低风险、提高效率。能够设计有效的内部控制流程，意味着学生对企业管理有深刻的理解，并能将理论应用于实践中。

进阶层次目标还包括运用信息技术优化会计流程，提高工作效率与准确性。信息技术的快速发展为会计流程的优化提供了新的可能性，学生需要学习如何利用这些技术工具简化工作流程，减少人为错误，提高整体效率。这不仅提高了会计工作的准确性，也为企业节省了大量的人力和时间成本，增强了企业的运营能力。

（三）高级层次目标

会计信息化教学中的高级层次目标旨在培养学生具备全面的专业知识和实

践能力，以应对现代企业环境中不断变化的需求。在这个层次上，学生需要掌握会计信息化系统的架构与功能，能够评估不同系统在企业中的适用性与效益。这不仅要求学生了解各类信息化系统的技术细节，还需具备判断这些系统在具体企业环境中应用效果的能力。通过对不同系统的深入分析，学生可以为企业选择最合适的信息化解决方案，从而提升企业的运营效率和竞争优势。

高级层次目标还包括培养学生运用高级数据分析技术进行财务预测与决策支持的能力。在现代商业环境中，企业面临的财务数据日益复杂，学生需要具备处理这些复杂数据的能力。通过学习高级数据分析技术，学生可以从大量的财务数据中提取有价值的信息，支持企业的财务决策。这种能力不仅限于数据的分析，还涉及对分析结果的解读和应用，以帮助企业进行精准的财务预测和决策制定。

理解会计信息化对企业战略规划的影响也是高级层次目标的重要组成部分。学生需要认识到信息化如何改变企业的战略方向，并能够参与制定基于信息化的财务战略。这要求学生不仅具备会计和信息技术的知识，还需理解企业战略管理的基本原理。通过对信息化与战略规划关系的深入研究，学生可以帮助企业在信息化背景下重新审视和调整其战略目标，以便更好地适应市场变化。

高级层次目标还强调学生设计与实施信息化项目管理方案的能力，以确保会计信息化项目的顺利推进与实施。信息化项目的成功实施需要有效的项目管理，包括项目规划、执行、监控和收尾。学生需要掌握项目管理的基本工具和方法，能够在项目的各个阶段进行有效管理，确保项目按时、按预算完成，并达到预期的质量标准。

二、会计信息化教学目标的制定依据

（一）教学大纲的要求

教学大纲在会计信息化教学中具有指导性作用，其要求是制定教学目标的基础。大纲应明确会计信息化的核心知识点与技能要求，以确保学生能够掌握必要的基础知识。这些核心知识点包括会计软件的操作、数据处理与分析、信息系统的应用等方面的内容。通过明确这些要求，学生可以在学习过程中逐步积累专业知识，为将来的职业发展奠定坚实的基础。此外，教学大纲的制定还需考虑不同层次学生的学习需求，确保课程内容的层次性和系统性，以便逐步提高学生的专业能力。

教学大纲不仅要关注核心知识点，还需结合行业标准与实际应用，制定符合市场需求的课程内容与目标。随着信息技术的快速发展，会计行业对信息化技能的要求不断提高。因此，教学大纲必须及时反映行业的最新动态和技术标准，使学生所学内容具有现实应用价值。这需要大纲制定者密切关注行业趋势，与企业保持沟通，以便课程内容与实际工作环境相契合，从而提高学生的就业竞争力。

教学大纲中还应包含评估标准与反馈机制，以便学生自我评估与教师针对性指导。明确的评估标准可以帮助学生了解自身学习的进展和不足之处，促进其自我反思与改进。同时，反馈机制的建立使教师能够根据学生的学习情况进行针对性的指导，帮助学生克服学习中的困难。这种双向的互动不仅提高了教学效果，也增强了学生的学习积极性和主动性，有助于实现教学目标的全面达成。

教学大纲应注重跨学科整合，促进会计、信息技术与管理学的知识融合与应用。现代会计信息化教学不仅需要学生掌握会计知识，还需具备信息技术和管理学的综合能力。因此，大纲应设计跨学科的课程模块，鼓励学生在不同学科领域进行知识的融会贯通。这种跨学科整合的教学设计，不仅拓宽了学生的知识面，还增强了其解决复杂问题的能力，为其未来在多变的职场环境中灵活应对挑战提供了有力支持。

（二）行业发展趋势

会计信息化在全球范围内的快速发展，反映了现代企业对高效财务管理的迫切需求。随着经济全球化的加速，企业面临的竞争环境日益复杂，传统的会计方法已无法满足企业对实时财务信息的需求。因此，会计信息化已成为企业提升竞争力的重要手段。通过整合信息技术与会计业务流程，会计信息化能够实现财务数据的自动化处理，提高数据的准确性和及时性，为企业提供更为全面的财务分析支持。

在企业治理中，财务透明度是衡量企业管理水平的重要指标。会计信息化通过信息系统的集成，确保企业财务信息的完整性和一致性，从而提高企业的财务透明度。信息化系统能够自动记录和追踪财务交易，减少人为干预的可能性，从而降低财务舞弊风险。此外，信息化的财务报告能够及时反映企业的财务状况与经营成果，为利益相关者提供透明的信息支持，增强企业的市场信誉和投资者信心。

有效的内部控制是企业风险管理的重要组成部分。会计信息化通过信息系统的自动化控制功能，能够加强企业内部控制的有效性。信息化系统可以实现对财务活动的实时监控，及时发现和纠正异常交易，降低财务风险。同时，信息化系统能够提供详细的审计线索，支持内部审计工作的开展，确保企业财务活动的合规性和透明度，从而提高企业的管理水平和运营效率。

人工智能和区块链技术的快速发展，为会计信息化带来了新的机遇。人工智能可以通过大数据分析和机器学习，提升财务预测和决策的准确性，优化企业资源配置。区块链技术则通过去中心化和不可篡改的特性，增强财务数据的安全性和可信度，简化财务审计流程。这些新兴技术的应用，将进一步推动会计信息化的创新发展，使其在企业管理中发挥更为重要的作用。

会计信息化不仅改变了传统的财务处理方式，还极大地增强了企业决策支持系统的功能。通过信息化系统，企业能够实时获取多维度的财务数据分析，为决策者提供全面、准确的决策依据。信息化系统的预测分析功能，可以帮助企业识别市场趋势和潜在风险，优化战略决策，提高企业的市场响应速度和竞争力。因此，会计信息化已成为企业决策支持系统的重要组成部分。

（三）学生能力需求

学生能力需求是会计信息化教学目标设定中的关键因素。当前，随着信息技术的迅猛发展，会计专业的学生需要具备多方面的能力以适应行业的变化。首先，学生应具备基本的会计信息化操作技能。这意味着他们需要熟练使用常见的会计软件，如 ERP 系统、财务管理软件等，以进行日常的财务处理。这不仅是对学生基本操作能力的要求，也是确保他们能够在实际工作中高效完成财务任务的基础。通过系统化的教学，学生能够掌握这些软件的使用技巧，从而在未来的职业生涯中具备竞争优势。

数据分析能力也是会计信息化教学中不可或缺的部分。学生需要能够运用数据分析工具对财务数据进行基本的处理与解读。随着大数据时代的到来，财务数据的体量和复杂性不断增加，传统的财务分析方法已难以满足企业的需求。因此，教学中应注重培养学生使用现代数据分析工具的能力，如 Excel 中的高级功能、Python 或 R 语言的数据分析库等。这不仅提升了学生的分析能力，也增强了他们对财务数据的洞察力，使他们能够为企业提供更具价值的财务建议。

理解信息技术在会计流程中的应用是学生能力需求的一个重要方面。学生需要能够识别并应用相关技术工具，以优化财务管理。信息技术在会计流程中的应用不仅提高了效率，还提升了财务管理的准确性和透明度。教学中应引导学生了解如区块链、人工智能等新兴技术在会计中的应用场景，培养他们的创新思维和实践能力。这种能力的培养有助于学生在未来的职业中，能够主动识别问题并运用技术手段进行解决，从而为企业创造更多价值。

团队合作能力也是会计信息化教学目标设定中不可忽视的一环。现代企业的财务工作往往涉及多个部门的协作，因此，学生需要具备在跨学科项目中有效沟通与协作的能力。教学中可以通过小组项目、案例分析等方式，培养学生的团队协作能力。这不仅有助于他们在实际工作中更好地融入团队，也使他们能够在复杂的项目中发挥自己的专业特长，与其他学科的同事共同解决实际问题。

三、会计信息化教学目标的实现路径

（一）教学资源的整合

教学资源的整合是实现会计信息化教学目标的重要路径。通过整合多样化的教学资源，教师可以丰富学生的学习体验，从而提高教学效果。在现代教育背景下，在线课程、视频教程和电子书籍已成为教学资源的重要组成部分。将这些资源有机结合，不仅可以满足不同学生的学习需求，还能为学生提供更为灵活和便捷的学习方式。在线课程可以为学生提供系统化的知识结构，视频教程通过生动的示范帮助学生更好地理解复杂的概念，而电子书籍则为学生提供了随时随地查阅资料的可能性。

建立资源共享平台是促进教学资源整合的有效措施之一。通过这样的平台，学生可以方便地获取最新的会计信息化工具和软件应用资料。这不仅有助于学生及时了解行业动态和技术进步，还能提高他们在实际操作中的应用能力。此外，资源共享平台还可以促进师生之间的互动与交流，激发学生的学习兴趣和主动性。在这个过程中，教师可以根据学生的反馈不断优化教学资源，确保其内容的实用性和前瞻性。

引入行业专家的讲座和研讨会，是增强课程内容实用性和前瞻性的有效途径。行业专家凭借其丰富的实践经验和专业视角，可以为学生提供最新的行业趋势和技术应用案例分析。这不仅有助于学生理解理论与实践的结合，还能激发他们对会计信息化的兴趣和热情。通过与专家的直接交流，学生可以获得更为深刻的行业见解和职业发展建议，从而更好地规划自己的学习和职业路径。

利用模拟软件和虚拟实验室为学生提供实践操作的机会，是提升其技术应用能力的重要手段。在虚拟环境中，学生可以进行真实的操作练习，而不必担心犯错带来的后果。这种学习方式不仅能提高学生的动手能力和问题解决能力，还能增强他们对会计信息化工具的熟练程度。模拟软件和虚拟实验室的应用，使学生能够在安全的环境中反复练习，直至掌握相关技能。

（二）信息技术的应用

信息技术在会计信息化教学中的应用是实现教学目标的重要路径。利用在线学习平台提供会计信息化课程，不仅可以增强学生的自主学习能力，还能提高学习的灵活性。在线平台为学生提供了丰富的学习资源和互动工具，使他们能够根据个人学习进度进行课程的选择与安排。这种灵活的学习模式适应了现代学生多样化的学习需求，特别是在时间和空间上给予了更大的自由度，从而有效提高了学习效率和效果。

通过虚拟现实技术创建沉浸式学习环境，可以让学生在模拟的会计信息化场景中进行实践操作。这种技术的应用打破了传统教学的局限，使学生能够在虚拟环境中体验真实的会计工作流程。通过模拟实际操作，学生不仅能够更好地理解会计信息化的理论知识，还能在实战中提高解决问题的能力。这种沉浸式的学习方式大大提高了学生的学习兴趣和动手能力，为他们未来的职业发展奠定了坚实的基础。

大数据分析工具的应用能够帮助学生掌握数据处理与分析技能，这是支持财务决策的关键能力。在会计信息化教学中，引入大数据技术可以使学生熟悉数据的收集、整理、分析和应用过程。这不仅提高了学生的数据处理能力，还培养了他们的分析思维和决策能力。在实际教学中，教师可以通过案例分析的方式，让学生在真实的数据环境中进行练习，增强他们对大数据在会计领域应用的理解和掌握。

使用移动学习应用程序方便了学生随时随地进行会计信息化知识的学习与复习。这种学习方式突破了时间和空间的限制，使学习变得更加便捷和高效。通过移动应用程序，学生可以在碎片化的时间里进行知识的积累和巩固。同时，移动学习应用程序通常具备丰富的交互功能，能够激发学生的学习兴趣和动机，提高学习效果。

引入人工智能技术为学生提供个性化学习建议和实时反馈，显著提升了学习效果和满意度。人工智能技术能够根据学生的学习行为和进度，智能分析其学习需求，并提供个性化的学习路径和资源推荐。实时反馈功能则能够帮助学生及时发现和纠正学习中的问题，避免知识盲区的产生。

（三）教学方法的创新

在会计信息化教学中，创新教学方法是实现教学目标的重要路径。教学方法的创新不仅是对传统教学模式的补充，也是对学生学习体验和效果的提升。通过引入翻转课堂模式，学生能够在课前通过自主学习掌握基础知识，而课堂则成为师生互动和知识深化的场所。这种模式不仅提高了学生的参与度，还能够加深他们对会计信息化复杂概念的理解。翻转课堂的关键在于课前准备的质量和课堂互动的有效性，教师需要精心设计学习材料，并在课堂上引导学生进行深入讨论和实践。

采用项目导向学习是另一种有效的教学方法创新。通过设计与实际工作相关的项目任务，学生可以在真实情境中应用所学知识，增强实践能力和解决问题的能力。这种方法不仅能够激发学生的学习兴趣，还能帮助他们建立理论与实践之间的联系。在项目导向学习中，教师需要扮演引导者的角色，帮助学生在项目过程中克服困难，并通过反馈促进其能力的提升。项目的选择应尽量贴近实际工作环境，以便学生在完成项目后能够快速适应职场需求。

实施混合式学习，将在线学习与面对面教学相结合，是提升学习灵活性和互动性的重要策略。在线学习提供了丰富的资源和灵活的学习时间，而面对面教学则可以通过直接沟通解决学生的疑问，促进深度理解。混合式学习要求教师在课程设计中合理安排在线和线下活动，确保两者的有机结合。通过这种方式，学生能够在不同的学习环境中获得多样化的学习体验，提升整体学习效果。

引导学生进行自主学习与研究，鼓励其探索会计信息化领域的新技术与新方法，是培养学生创新思维的重要途径。通过自主学习，学生能够根据自身兴趣和需求深入研究某一领域，培养独立思考和创新能力。教师应为学生提供必要的资源和指导，鼓励他们提出问题并进行探究。

第二节　会计信息化教学内容规划

一、会计信息化课程模块设计

（一）核心模块设置

会计信息化课程的核心模块设置是整个教学设计的基础。通过合理的模块划分，课程可以更好地反映出会计信息化的整体框架和逻辑结构。核心模块通常包括会计信息化的基本概念、信息系统的设计与应用，以及信息化对会计工作的影响等内容。这些模块的设置不仅有助于学生掌握会计信息化的基本理论，还能培养其分析和解决实际问题的能力。通过模块化的教学设计，能够使学生更系统地理解会计信息化的复杂性和多样性，为其今后的职业发展奠定坚实的基础。

会计信息化的基本概念与框架是学生理解整个课程的起点。会计信息化不是仅将传统会计手工操作转变为计算机操作，而是涉及信息技术在会计领域的全面应用。课程应帮助学生理解信息化对会计职能的重新定义及其在企业管理中的作用。通过学习，学生应能够识别信息化框架中的关键要素，如数据采集、处理、存储和输出，理解这些要素如何协同作用以提高会计工作的效率和准确性。同时，学生还需要了解会计信息化的历史背景和发展趋势，以便更好地应对未来的挑战。

在会计信息化课程中，了解和掌握不同信息化工具的分类与功能是必不可少的。信息化工具可以根据其功能分为财务管理软件、企业资源计划系统、客户关系管理系统等。每种工具都有其特定的功能和应用场景，课程需要通过案例分析帮助学生理解这些工具如何在实际操作中应用。学生需要掌握如何选择合适的工具来满足不同企业的需求，以及如何通过优化工具的使用来提高企业的运营效率和决策质量。

会计信息化的实施不仅是技术的应用，还涉及流程管理与优化。课程需要引导学生认识到信息化实施过程中各个环节的重要性，从需求分析、系统设计到实施和维护，每一步都需要科学的管理和优化策略。学生应学习如何通过流程再造和优化来提高信息化系统的效率和效益。这不仅包括技术层面的改进，还涉及组织结构、人员培训及文化变革等方面的综合管理。

数据分析是会计信息化的重要组成部分，课程应强调其在企业管理和决策中的应用价值。学生需要掌握基本的数据分析工具和技术，如数据挖掘、统计分析和可视化工具，了解如何从大量数据中提取有价值的信息以支持企业决策。通过实践课程，学生可以体验数据分析在实际会计工作中的应用场景，理解如何通过数据驱动的方式来优化企业财务管理和战略决策。

会计信息化对企业决策支持的影响是不可忽视的。通过信息化系统，企业能够更快、更准确地获取财务信息，从而做出更加科学的决策。课程应帮助学生理解信息化如何改变决策流程，提升决策质量。学生需要学习如何利用信息化系统提供的实时数据和分析结果来支持企业的战略规划和运营管理。

（二）选修模块设计

选修模块设计在会计信息化课程中具有重要作用，旨在为学生提供灵活的学习路径，满足多样化的学习需求。选修模块的设置不仅需要考虑课程的前沿性和实用性，还需关注学生的兴趣和职业发展方向，以增强学生的学习动力和课程的吸引力。通过选修模块，学生可以深入了解特定领域的技术应用和实践方法，提升自身竞争力。

云计算技术在会计信息化中扮演着关键角色，它提供了高效的数据存储和处理能力，使会计信息系统更加灵活和可扩展。通过云计算，企业可以实现实时财务数据分析和远程访问，降低 IT 成本并提高数据的安全性和可靠性。在教学中，实践环节可以通过模拟企业财务管理系统，使学生体验云计算在会计信息化中的实际应用，从而加深对该技术的理解和掌握。

区块链技术以其去中心化和不可篡改的特性，正在改变传统会计信息化的格局。它在提高数据透明度和安全性方面具有显著优势，能够有效防止财务欺诈和数据篡改。在教学中，学生需要了解区块链技术的基本原理和应用场景，特别是在审计和财务报告中的应用。通过案例分析，学生可以探索区块链如何优化财务流程，提高会计信息的真实性和可靠性。

人工智能在会计信息化中逐渐展现出其强大的潜力，尤其是在数据分析和决策支持方面。人工智能技术能够自动化处理大量的财务数据，识别潜在的财务风险，并提供智能化的财务决策建议。在课程中，应重点介绍人工智能的基本概念和应用工具，使学生掌握如何利用人工智能技术进行财务数据分析和预测，以提升其在会计信息化领域的专业能力。

数据可视化工具在财务报告中发挥着重要作用，能够将复杂的财务数据转化为直观的图表和图形，帮助管理者快速理解财务状况和趋势。在教学中，学生应学习如何使用常见的数据可视化工具，如 Tableau 和 Power BI，进行财务数据的分析和展示。通过实践操作，学生可以掌握数据可视化的基本技能，提升其财务分析和报告能力。

（三）模块间衔接

在会计信息化课程的模块设计中，模块间的衔接至关重要。模块间的有效衔接不仅能够帮助学生在学习过程中建立完整的知识体系，还能提高学生对课程内容的理解和应用能力。通过合理的衔接设计，学生能够从基础知识的学习逐步过渡到复杂应用的掌握，从而形成系统的认知框架。这种衔接需要考虑到不同模块之间的逻辑关系和知识点的递进性，以确保学生在学习过程中能够循序渐进地掌握各个知识点。

核心模块与选修模块的知识点融合是模块间衔接的重要环节。在会计信息化教学中，核心模块通常涉及基础的会计信息系统知识，而选修模块则可能涵盖更为具体的应用领域或先进技术。通过融合核心与选修模块的知识点，学生不仅能够掌握基础理论，还能够理解选修内容的实际应用价值。这种融合要求课程设计者对知识体系有深刻的理解，并能够将不同模块的知识点有机结合，以提升学生的综合能力和实际应用水平。

设计模块间的互动项目是增强模块衔接的有效策略之一。互动项目可以鼓励学生在实践中探索不同模块的知识交叉，提升学习的趣味性与实用性。通过参与这些项目，学生能够在实际操作中验证所学知识，发现问题并寻求解决方案，从而加深对各模块内容的理解。这种实践导向的学习方式不仅提高了学生的学习积极性，还培养了他们的创新思维和问题解决能力，为未来的职业发展奠定了坚实的基础。

建立模块间的评估标准是确保学生有效应用选修模块技能的重要手段。评估标准的制定应基于学生对核心模块知识的掌握，并结合选修模块的应用要求。通过合理的评估标准，教师能够准确评估学生在不同模块中的学习效果，发现学生在知识应用中的不足之处，并提供相应的指导和支持。这种评估机制不仅有助于学生自我反思和改进，还能为教学质量的提升提供数据支持。

定期组织模块间的研讨会可以促进学生对各模块内容的深入讨论，增强知识的系统性与连贯性。研讨会为学生提供了一个分享和交流的平台，使他们能够在互动中碰撞出新的思维火花。通过参与研讨会，学生不仅能够深化对所学知识的理解，还能从同伴的视角获得新的启发。

二、会计信息化教学内容的层次化安排

（一）基础知识层次

会计信息化教学的基础知识层次是整个课程设计的起点，旨在为学生提供一个全面而扎实的知识框架。通过对会计信息化基本概念的学习，学生能够理解这一领域的基础理论和实践应用。这一层次的教学内容包括会计信息化的基本定义、主要组成部分及其在财务管理中的应用场景等。通过掌握这些基础知识，学生能够在日后的学习中更好地理解和应用更复杂的会计信息化技术和工具。

会计信息化是指将信息技术应用于会计工作中，以提高会计信息处理的效率和准确性。其重要性体现在能够显著提升企业财务管理的效率，降低人工操作的错误率，并提供实时的财务数据分析能力。通过会计信息化，企业能够实现财务数据的自动化处理，从而为管理决策提供更为准确和及时的信息支持。这一过程不仅改变了传统会计的工作方式，也为财务管理带来了新的挑战和机遇。

会计信息化的主要组成部分包括硬件、软件和网络系统。硬件部分主要指计算机及其外围设备，软件部分包括会计软件和数据库管理系统，而网络系统则用于实现数据的传输和共享。每一组成部分都有其特定的功能，硬件提供数据处理的基础设施，软件负责数据的输入、处理和输出，而网络系统则确保数据在不同部门和系统之间的流动和共享。通过这些组成部分的协同工作，会计信息化能够实现财务数据的高效处理和管理。

在财务管理中，会计信息化的应用场景广泛且多样。它不仅用于日常的会计核算和财务报表编制，还在预算管理、成本控制和财务分析等方面发挥着重要作用。通过信息化系统，企业可以实现财务数据的自动采集和分析，从而提

高财务管理的效率和准确性。此外，会计信息化还支持企业实现跨部门和跨地域的财务数据共享，为企业的战略决策提供了坚实的数据基础。

会计信息化与传统会计在工作方式和工具上存在显著区别。传统会计主要依赖人工操作和纸质记录，而会计信息化则通过计算机和网络技术实现会计工作的自动化和数字化。然而，两者之间也存在密切联系，信息化的实现需要传统会计理论和方法的支持，同时会计信息化的发展也推动了传统会计理论的创新和发展。通过理解两者的区别与联系，学生能够更好地适应会计行业的发展变化。

（二）应用技能层次

在会计信息化教学中，应用技能层次的培养是关键。学生需要掌握会计信息化软件的操作流程，包括数据录入、报表生成和数据导出等基本功能。这些技能是会计信息化的基础，能够帮助学生在实际工作中快速适应企业的会计信息系统。通过模拟真实的业务场景，学生可以在实践中熟悉软件的各项功能，理解其在会计工作中的应用价值。同时，熟练的操作能力还可以为学生后续的深层次学习打下坚实的基础。

除此之外，学生还需具备使用数据分析工具进行财务数据处理的能力，能够进行简单的财务预测与决策支持。现代会计信息化不限于传统的财务记录，还包括对财务数据的深入分析和解读。通过学习数据分析工具，学生可以更好地理解财务数据的内在联系，识别潜在的财务风险，并提出合理的解决方案。这种能力不仅提高了学生的职业竞争力，也为企业的财务管理提供了有力的支持。

理解会计信息化系统的集成方式是应用技能层次的重要组成部分。学生需要掌握在不同系统之间进行数据迁移与共享的技术，以适应企业复杂的信息化环境。会计信息系统通常与其他企业资源计划系统、客户关系管理系统等相集成，数据的准确传递和共享是企业高效运作的保障。通过案例分析，学生可以理解不同系统集成的原理和方法，提升其解决复杂系统集成问题的能力。

学生应能够应用信息技术优化会计流程，提高工作效率和数据准确性。信息技术的发展为会计流程的优化提供了新的思路和工具。通过学习如何利用信息技术，学生可以识别会计流程中的冗余环节，设计出更高效的流程方案，以提高企业的运营效率和财务数据的准确性。这一能力在企业的数字化转型中显得尤为重要。

（三）综合能力层次

在会计信息化教学中，综合能力层次的培养至关重要，旨在提升学生独立分析和解决复杂会计信息化问题的能力。学生需要通过系统性思考，整合所学知识，独立应对实际问题。这一层次的教学内容不仅要求学生掌握理论知识，还需具备实践能力，能够在真实情境中运用所学知识进行问题解决。通过案例分析和项目实践，学生能够在模拟的商业环境中进行实战演练，提升其综合分析能力。这种教学方法不仅提高了学生的独立思考能力，还增强了他们在复杂环境中解决问题的信心和能力。

理解并应用信息技术的创新方法是提升财务管理现代化水平的核心。在这个层次中，教学内容强调信息技术在会计信息化中的应用创新。学生需要掌握最新的信息技术工具，并能够将其有效应用于财务管理中，以提升企业的效益和效率。通过学习信息技术的前沿发展，学生能够理解如何利用技术创新来优化财务流程，提高数据处理的速度和准确性。这种能力的培养有助于学生在未来的职业生涯中，成为推动企业财务管理现代化的重要力量。

有效的会计信息化项目管理方案的设计与实施是综合能力层次的重要组成部分。学生需要学习如何制订切实可行的项目计划，确保项目按时完成并达到预期效果。在教学中，强调项目管理的各个环节，包括目标设定、资源配置、进度控制和风险管理等。通过模拟项目管理的全过程，学生能够掌握项目管理的实用技巧和方法，提高其在项目实施中的管理能力。这种能力的培养，不仅使学生能够胜任会计信息化项目的管理工作，还能在实际工作中推动项目的成功实施。

跨学科的合作能力是推动会计信息化项目顺利进行的关键。学生需要具备在多元团队中有效沟通的能力，以促进团队协作和信息共享。在教学中，通过团队项目和跨学科合作，学生能够体验到不同学科背景下的思维碰撞和创新。在多元化的团队中，学生不仅学习到如何有效沟通和协调，还能理解不同学科的思维方式和工作方法。这种跨学科的合作能力，使学生能够在复杂的组织环境中，发挥其专业特长，推动会计信息化项目的成功实施。

掌握数据分析与可视化技术是提升企业财务决策能力的重要手段。在综合能力层次的教学中，学生需要学习如何利用先进的数据分析工具，将复杂的财务数据转化为直观的决策支持信息。通过数据分析和可视化技术的应用，学生能够深入挖掘财务数据中的价值，为企业的战略决策提供有力支持。

三、会计信息化教学内容的案例选择与应用

（一）案例选择标准

在会计信息化教学中，案例选择标准的制定至关重要。案例不仅是教学内容的载体，更是学生理解和应用会计信息化知识的桥梁。选择一个合适的案例，首先需要考虑其与教学目标的契合度。案例应当能够有效地展示会计信息化的核心概念和操作流程，帮助学生在具体情境中理解抽象的知识点。

案例的实际性和时效性也是选择的重要标准。一个理想的案例应当源于真实的商业环境，能够反映当前会计信息化领域的最新发展和实践。通过这样的案例，学生不仅能够学习到理论知识，还能培养分析问题和解决问题的能力。案例的复杂性也需与学生的知识水平和学习阶段相适应，以确保学生能够在理解的基础上进行深入的思考和探讨。

（二）案例应用方法

在会计信息化教学中，案例应用方法的有效性直接影响着学生对复杂概念的理解和实际操作能力的提升。案例应用方法强调通过实际情境的模拟和分析，使学生能够将理论知识与实际业务相结合。一个成功的案例应用方法首先要求案例的选择具有代表性和现实性，能够反映当前会计信息化的最新发展和应用趋势。通过对这些案例的深入分析，学生可以更好地理解信息技术在会计流程中的具体应用，以及如何利用这些技术进行财务数据的处理和分析。

在实施案例应用方法时，教师需要引导学生通过合作学习和讨论，探索不同的解决方案。这种方法不仅培养了学生的团队合作能力和沟通技巧，还促进了他们的批判性思维和问题解决能力。教师可以通过设定开放性的问题，引导学生从不同的角度思考案例中的问题，并提出合理的解决方案。通过这种互动式的学习过程，学生能够更好地理解会计信息化在实际中的应用价值和挑战。此外，教师还可以利用多媒体技术和信息化工具，增强案例教学的互动性和趣味性，提高学生的学习积极性和参与度。

案例应用方法的另一个关键方面是评估学生对案例分析的理解和应用能力。教师可以通过设计多样化的评估方式，如小组报告、个人反思和课堂展示等，

全面评估学生在案例分析中的表现。这不仅帮助学生明确了自身的学习进展和不足，也为教师提供了改进教学策略的依据。在案例应用过程中，教师应注重培养学生的创新思维，使他们能够在快速变化的会计信息化环境中灵活应对各种挑战。通过不断优化案例应用方法，教师可以更好地支持学生在会计信息化领域的专业成长。

（三）案例分析技巧

案例分析在会计信息化教学中扮演着重要的角色。通过案例分析，学生能够将理论知识与实际应用相结合，从而更好地理解复杂的会计信息化系统。案例分析技巧的掌握对于学生的学习效果有着显著的影响。在选择案例时，教师应注重案例的真实性和相关性，以确保学生能够从中获得有价值的学习体验。具体来说，案例应涵盖多角度的问题情境，帮助学生提高分析和解决问题的能力。

教师在引导学生进行案例分析时，应注重培养学生的批判性思维和创新能力，使其能够在面对实际问题时，灵活运用所学知识进行有效的分析和决策。这不仅有助于提升学生的专业能力，也为其未来的职业发展奠定了坚实的基础。案例分析技巧的教学还应结合现代信息技术手段，通过多媒体资源和在线平台，增强学生的参与感和互动性，进一步提高教学的效果和效率。

四、会计信息化教学内容的更新与维护策略

（一）内容更新机制

为了确保课程内容能够与行业发展和技术进步保持一致，定期评估课程内容的相关性是必不可少的。通过这种评估机制，教学内容能够及时反映最新的行业趋势和技术革新，避免陈旧知识的传授，确保学生能够学习到最前沿的会计信息化知识。此外，课程内容的相关性评估还需要结合行业专家的见解，以便全面了解当前行业对会计信息化人才的最新需求，从而优化教学内容。

建立反馈机制是内容更新机制的重要组成部分。通过收集学生和行业专家对课程内容的建议，教学机构可以及时进行调整，以满足不同学习群体的需求。学生作为课程的直接受益者，其反馈能够真实反映教学内容的实用性和可操作

性。而行业专家的建议则能够提供更为专业的视角，帮助识别课程内容中的不足。通过双向反馈机制的建立，不仅能够提高课程内容的质量，还能增强教学的针对性和实效性。

设立内容更新小组是保证课程内容持续更新的有效途径。该小组由专业教师和行业专家组成，负责跟踪行业动态和新技术，定期提出更新建议。通过这种方式，课程内容能够及时融入最新的行业发展和技术进步，确保教学内容的前沿性和实用性。此外，内容更新小组还需要定期组织研讨会，邀请行业领军人物分享经验和见解，以便更好地指导课程内容的更新方向。

利用在线学习平台分析学生学习数据，是识别课程内容中薄弱环节的重要手段。通过对学生学习数据的分析，教学机构能够发现学生在学习过程中遇到的困难和挑战，从而有针对性地改进课程内容。这种数据驱动的内容更新方式，不仅提高了课程内容的质量，也提升了学生的学习效果和满意度。同时，在线学习平台的应用也为课程内容的个性化调整提供了可能性，进一步增强了教学的灵活性和适应性。

建立与企业合作的渠道，是获取课程内容实际需求反馈的重要途径。通过与企业的密切合作，教学机构能够定期获取企业对课程内容的实际需求反馈，以指导更新方向。这种合作不仅能够帮助教学机构及时了解行业对会计信息化人才的最新要求，还能为学生提供更多的实习和就业机会，增强课程的实践性和就业导向性。通过企业反馈的引导，课程内容能够更好地贴合实际应用场景，提高学生的就业竞争力。

（二）教学资源维护

会计信息化教学资源的维护不仅是对现有资源的保护，也是一种动态的更新和优化过程。通过建立教学资源数据库，集中管理和更新各类教学材料和工具，不仅可以提高资源的利用效率，还能确保教师和学生能够方便地访问和使用这些资源。这样的数据库应包括教材、课件、案例分析等多种形式的资源，并通过分类和标签系统，使得资源的查找和应用更加便捷。这种集中的管理方式可以有效避免资源的重复开发和浪费，同时也为资源的更新奠定了良好的基础。

定期评估和更新教学资源的有效性是确保教学内容与课程目标和行业需求保持一致的关键。随着会计信息化技术的快速发展，行业需求和课程目标也在不断变化。因此，有必要定期对现有的教学资源进行评估，判断其是否仍然符合当前的教学需求和行业标准。这一过程不仅需要教师的参与，还可以邀请行业专家和学生共同参与，以获得多方反馈。通过这样的评估机制，可以及时发现资源中的不足，并加以改进，从而提高教学质量和效果。

开发在线学习平台是现代会计信息化教学的重要策略。通过提供多样化的学习资源，如视频教程、模拟软件和互动工具，在线学习平台可以支持学生的自主学习和实践。这些资源不仅可以帮助学生更好地理解课程内容，还能为他们提供一个模拟真实工作环境的机会，提升他们的实践能力。在线学习平台还可以通过数据分析功能，帮助教师了解学生的学习进度和困难之处，从而进行有针对性的教学调整。

建立教师培训机制是确保教师能够有效利用现代技术提高教学效果的重要措施。随着会计信息化技术的不断更新，教师需要不断学习新技术和教学工具，以保持其教学能力的先进性。通过定期的培训，教师可以掌握最新的教学工具和方法，从而更好地服务于教学目标。这种培训不仅可以提高教师的技术水平，还能激发他们的教学创新能力，使得会计信息化教学更加生动和有效。培训机制的建立需要学校和教师共同努力，通过合理的规划和组织，确保培训的实效性和针对性。

第三节　会计信息化教学活动与任务设计

一、会计信息化教学活动的主要类型

（一）理论教学活动

理论教学活动在会计信息化课程中占据重要地位，其核心在于系统传递会计信息化的基本概念和原理。通过理论教学，学生能够理解会计信息系统的构成、功能及其在企业管理中的应用。同时，理论教学活动也为后续的实践教学奠定了坚实的基础。教师在设计理论教学时，需要考虑到学科的复杂性和学生的认知水平，确保教学内容层次分明、逻辑清晰。

理论教学活动的结构通常包括导入、讲授、讨论和总结四个环节。导入环节旨在激发学生的学习兴趣，通过案例或问题引入教学主题。讲授环节是教学的核心部分，教师需要结合教材和教学目标，系统地讲解知识点。讨论环节通

过小组讨论或课堂互动，帮助学生加深对知识的理解。总结环节是对本节课内容的回顾与反思，帮助学生梳理知识框架。

在理论教学中，知识点的传递与讲解方法至关重要。教师可以采用图示、流程图、表格等多种形式，将复杂的会计信息化概念形象化，以便学生理解。同时，教师应善于运用类比和案例分析的方法，将理论知识与实际应用相结合，帮助学生建立理论与实践的联系。此外，教师还可以通过提问和讨论的方式，引导学生主动思考和探索。

多媒体技术在理论教学中应用广泛，它不仅能提高教学的互动性，还能增加课堂的趣味性。通过使用视频、动画、模拟软件等多媒体资源，教师可以将抽象的会计信息化概念直观化，增强学生的感性认识。同时，互动式的多媒体课件可以激发学生的参与热情，使他们在轻松愉悦的氛围中掌握知识。

提升学生在理论教学中的参与度是教学设计的重要目标。教师可以通过设置开放性问题、组织小组讨论等方式，鼓励学生积极参与课堂活动。此外，采用翻转课堂等教学模式，让学生在课前预习相关内容，课堂上进行知识的应用与拓展，也能有效提高学生的参与度。教师还应关注学生的反馈，及时调整教学策略，以适应学生的学习需求。

（二）实践教学活动

实践教学活动在会计信息化教学中扮演着至关重要的角色，其设计应注重真实场景模拟，以增强学生对会计信息化流程的理解与应用能力。通过模拟现实中的会计环境，学生能够更直观地感受信息化系统在会计工作中的实际运用。这种教学方式不仅是对理论知识的补充，也是对学生实践能力的全面提升。通过模拟操作，学生可以在一个安全的环境中犯错并学习，逐步建立起对会计信息化工具的熟练掌握和应用能力。

小组合作项目作为实践教学活动的重要组成部分，鼓励学生在实践中分工合作，提升团队协作能力与解决实际问题的能力。在小组项目中，学生需要分配角色，明确任务，并在协作中完成复杂的会计信息化任务。这种合作学习模式不仅提高了学生的沟通能力和团队意识，还能培养其在面对复杂问题时的分析和解决能力。通过团队的共同努力，学生能够更好地理解和掌握会计信息化的综合应用。

为了进一步提高实践教学的效果，引入行业专家参与实践教学，提供专业指导与反馈，帮助学生更好地掌握会计信息化的实际应用技能。行业专家的参与能够为学生提供最新的行业动态和实践经验，他们的专业见解和反馈能够帮助学生在学习过程中少走弯路，快速提升技能水平。同时，专家的指导也能激发学生的学习兴趣，增强其对会计信息化领域的职业认同感和发展信心。

设置阶段性实践任务是确保学生在不同学习阶段都能获得及时反馈的重要方法，促进其学习效果的持续提升。通过阶段性任务，教师可以对学生的学习进度和掌握情况进行评估，并根据反馈及时调整教学策略。这种持续的反馈机制不仅有助于学生查漏补缺，也能帮助教师优化教学内容和方法，以适应不同学生的学习需求和节奏。

（三）综合教学活动

综合教学活动在会计信息化教学中扮演着至关重要的角色。其设计不仅需要结合理论与实践，还需促进学生对会计信息化知识的全面理解与应用能力的提升。综合教学活动的核心在于通过多样化的教学方法，使学生能够在理论学习的基础上，进行实践操作，从而加深对所学知识的理解。这种教学活动强调理论与实践的结合，要求教师在设计活动时，充分考虑学生的实际需求和学习特点，确保教学活动能够有效地促进学生的知识转化和能力提升。

在综合教学活动中，角色扮演和模拟真实企业场景是常用的教学策略。这些策略通过让学生扮演企业中的不同角色，如财务经理、信息技术专家等，帮助他们更好地理解会计信息化在实际工作中的应用。这种模拟真实企业环境的教学方法，不仅增强了学生在会计信息化项目中的参与感，还为他们提供了宝贵的实践经验。这种实践导向的教学活动，使学生能够在一个安全的学习环境中，尝试解决真实企业中可能遇到的问题，从而提升他们的实际操作能力和应变能力。

跨学科的综合项目设置是综合教学活动的一大亮点。这些项目要求学生整合会计、信息技术和管理学的知识，以解决实际问题。这种跨学科的学习方式，不仅拓宽了学生的知识面，还培养了他们的综合素质和创新能力。在这些项目中，学生需要运用多学科的知识，分析问题、提出解决方案并实施。这一学习过程，锻炼了学生的综合分析能力和团队协作能力，为他们今后的职业发展奠定了坚实的基础。

综合教学活动的成果展示环节是一个不可或缺的部分。通过组织定期的成果展示活动，学生可以展示其在综合教学活动中的学习成果。这不仅增强了学生的自信心和表达能力，还为他们提供了一个相互学习和交流的平台。在展示过程中，学生需要将复杂的专业知识转化为易于理解的语言和形式，向其他同学和老师进行展示。这种展示活动不仅是对学生学习成果的检验，也是对他们综合素质的一次全面考核。

二、会计信息化教学活动的实施步骤

（一）需求分析

在设计会计信息化教学活动时，需求分析是一个关键的起点。需求分析不仅涉及课程内容的选择，还包括对学生的需求进行全面的评估。学生对会计信息化课程的基本认知与理解程度直接影响着教学活动的有效性。通过调查问卷、访谈等方法，可以了解学生对会计信息化的初步认知，并据此调整教学内容的难易程度，以确保课程内容既具有挑战性又不至于让学生感到过于困难。此外，需求分析还需要考虑学生在学习会计信息化过程中所需的支持与资源，包括技术设备、学习资料和教师指导等。这些支持和资源的充分保障，是学生顺利完成学习任务的基础。

学生的学习风格与偏好对教学活动设计有着重要的影响。不同的学生可能偏好不同的学习方式，有些学生更倾向于视觉学习，有些则更喜欢通过动手实践来掌握知识。因此，在设计教学活动时，教师需要灵活运用多种教学方法，如视频讲解、案例分析、实操练习等，以满足不同学生的需求，增强学习效果。通过多样化的教学活动，学生不仅能够更好地理解和掌握会计信息化知识，还能提高学习的积极性和参与度。

需求分析的另一个重要方面是识别学生在会计信息化学习中遇到的具体障碍与挑战。学生可能在学习过程中遇到技术操作难题、理论理解障碍或时间管理问题等。教师需要通过需求分析，提前识别这些潜在的困难，并在教学设计中预先设置相应的支持措施。例如，提供额外的技术指导课程、安排学习小组互助活动或设置灵活的学习时间表等，以帮助学生克服学习中的障碍，提高学习效率和效果。

（二）方案设计

会计信息化教学活动的方案设计是一个系统而复杂的过程，旨在有效地整合教学内容和教学方法，以实现最佳的教学效果。首先，方案设计需要充分考虑学生的学习风格。不同的学生在学习过程中表现出不同的偏好和需求，因此，设计多样化的教学活动尤为重要。这些活动不仅要涵盖理论知识的讲解，还要包括实践操作的环节，以便更好地满足学生的学习需求和兴趣，从而激发他们的学习动机。通过对学生学习风格的深入分析，可以制订出更具针对性的教学方案，确保每位学生都能在学习过程中获得最大收益。

结合行业实际需求，设计与企业合作的实践项目是方案设计的另一关键环节。这一策略不仅能使学生在校期间获得宝贵的实务经验，还能增强他们对行业的认知与理解。通过与企业的紧密合作，学生可以直接参与到真实的商业项目中，体验会计信息化在实际工作中的应用。这不仅提升了学生的实务操作能力，也为他们未来的职业发展奠定了坚实的基础。企业合作项目的设计应注重与课程内容的紧密结合，以确保学生在理论与实践之间建立有效的联系。

在现代教育中，信息技术工具的运用是不可或缺的。创建互动式在线学习平台是方案设计的重要组成部分，这一平台可以极大地促进学生间的交流与协作。通过在线平台，学生可以方便地分享学习资源、进行小组讨论和协作学习，增强学习的互动性。此外，教师可以利用平台提供个性化的学习指导，及时解答学生的疑问。这种在线学习环境不仅提高了学生的学习积极性，也为他们提供了一个开放的学习空间，使他们能够随时随地进行学习。

（三）组织实施

在会计信息化教学活动的组织实施过程中，制订详细的教学计划是确保教学活动有序进行的关键。教学计划不仅需要明确每个教学活动的具体目标，还需细化活动内容和时间安排。这样可以保证教师在实施过程中有清晰的指导方针，学生也能够在明确的框架下进行学习。此外，教学计划的制订应充分考虑学生的不同需求和学习节奏，以便在实施过程中能够灵活调整和优化。

组织教师团队进行定期的教学研讨是提高教学质量的重要策略。这些研讨会为教师提供了一个分享实施经验和教学反馈的平台，能够有效促进教学方法的持续改进。通过集思广益，教师可以交流各自在教学过程中遇到的挑战和成功案例，从而启发新的教学思路和策略。同时，这种集体研讨的方式也有助于形成一个积极的教学文化，增强教师团队的凝聚力和合作精神。

建立学生学习档案是个性化教学的基础。通过详细记录每位学生的学习进度和表现，教师可以更好地了解学生的学习状态和需求。这些档案不仅为后续的个性化指导提供了依据，也为教师在设计后续教学活动时提供了重要参考。通过分析学习档案中的数据，教师可以识别出学生在学习过程中可能遇到的困难，并及时调整教学策略，以帮助学生克服学习障碍，实现更好的学习效果。

利用信息技术平台进行在线教学活动的组织与管理，是现代会计信息化教学中不可或缺的环节。信息技术平台不仅能够提供丰富的教学资源，还能够为师生之间的互动提供便捷的渠道。通过这些平台，学生可以方便地参与到各类教学活动中，无论是在线课程、讨论论坛还是小组项目。这种灵活的学习方式不仅提高了学生的学习积极性，也为教师提供了更广阔的教学空间，使得会计信息化教学活动能够更加高效和有序地进行。

（四）效果评估

在会计信息化教学中，效果评估旨在确保教学目标的实现。效果评估不仅是对学生学习结果的检验，也是对教学过程的全面反思。通过评估学生在会计信息化课程中掌握的核心概念和技能的程度，可以判断学生是否达到了预期的学习目标。这一过程需要教师对教学内容进行细致的分析，以确保它们与课程目标高度契合。此外，效果评估还能帮助教师识别教学中的薄弱环节，从而为后续课程设计提供有力的依据。

实践项目的成果展示是评估学生实际应用会计信息化知识和技能的重要手段。在这种评估模式下，学生通过项目展示其在真实情境中应用所学知识的能力。教师可以通过观察学生的项目成果，评估他们在问题解决、数据分析以及信息技术运用方面的表现。这种评估方式不仅能激发学生的学习兴趣，还能帮助他们更好地理解和巩固所学知识，从而提升其综合应用能力。

收集学生对教学活动的反馈是效果评估的重要组成部分。通过调查问卷、访谈等方式，教师可以获取学生对课程内容、教学方法及学习资源的满意度信息。这些反馈为教师提供了宝贵的参考，帮助他们了解学生的学习体验和需求。通过分析反馈数据，教师可以调整和优化教学策略，确保教学活动更具针对性和有效性，从而提升整体教学质量。

定期检查教学过程中的互动与参与程度是评估学生在课堂讨论和实践活动中积极性与贡献的重要方式。通过观察学生在课堂上的表现，教师可以了解他们在学习过程中的参与热情和主动性。这不仅有助于教师评估教学方法的适用性，还能激励学生积极参与课堂活动，增强他们的团队合作精神和交流能力。

三、会计信息化教学任务的设计原则

（一）目标导向原则

在会计信息化教学中，目标导向原则是确保教学活动有效性的关键。明确教学目标不仅有助于教师规划课程内容，还能使学生理解学习的方向和目的。每个教学活动都应与课程目标紧密结合，以提升学生的学习效果和参与度。通过这种方式，学生能够在学习过程中不断校正自己的学习路径，确保所学知识与技能的实际应用相契合。目标导向原则要求教师在设计教学任务时，必须对学生的学习需求和能力水平有深入的了解，从而制定出既具有挑战性又可行的学习目标。

根据学生的学习需求和能力水平，设计不同层次的教学任务是实施目标导向原则的一个重要方面。会计信息化课程的多样性要求教师能够灵活调整教学策略，以满足学生的个性化学习目标。通过分层次的任务设计，教师可以为不同能力的学生提供适合的学习内容和挑战。这不仅有助于学生在自己的节奏中进行学习，还能在一定程度上激发他们的潜在能力，使学习过程更具针对性和有效性。

制定清晰的评估标准是目标导向原则的核心环节之一。评估标准的明确性直接影响着学生对学习成果的理解和自我评估能力。通过设定具体的评估标准，学生在完成任务后能够准确识别自身的学习成果和提升空间。这种反馈机制不仅促进了学生的自我反思和自我改进，还为教师提供了调整教学策略的重要依据。评估标准的透明化可以帮助学生在学习过程中建立明确的目标意识，从而提高学习的自主性和责任感。

鼓励学生在任务设计中发挥自主性是实现目标导向原则的创新实践。通过让学生选择与自己兴趣相关的项目，他们的学习动机与参与感得以增强。这种自主性不仅提高了学生的学习积极性，还培养了他们的创新思维和问题解决能力。在会计信息化教学中，学生的自主选择权能够让他们更好地连接理论与实践，形成个性化的学习体验。

（二）学生中心原则

在会计信息化教学中，学生中心原则强调教学活动应以学生为主体，促进其主动参与学习过程。通过设计具有挑战性的项目任务，教师可以激发学生的学习兴趣和探索精神。这种方法不仅提高了学生的参与度，还鼓励他们在面对复杂任务时，运用批判性思维和创造力来解决问题。项目任务的设计需紧密结合实际应用场景，使学生能够在实践中掌握会计信息化的核心技能。这种以学生为中心的教学方式，能有效提升学生的自主学习能力和职业素养。

根据学生的个体差异，设计灵活的学习任务是落实学生中心原则的关键。不同的学生在学习风格和能力水平上存在显著差异，因此，教师应提供多样化的学习任务，以满足不同学生的需求。这种灵活性不仅体现在任务的内容和难度上，还包括学习方式的多样性。通过个性化的学习任务，学生可以根据自己的兴趣和能力，选择最适合的学习路径，从而实现最佳的学习效果。这种差异化教学策略，有助于每位学生在会计信息化学习中发挥其最大潜力。

鼓励学生在学习过程中提出问题和意见，是促进课堂讨论和知识深入理解的重要手段。在会计信息化教学中，教师应营造开放的学习氛围，鼓励学生积极表达自己的观点和疑问。通过课堂讨论，学生不仅能够加深对课程内容的理解，还能培养批判性思维和协作能力。教师在此过程中扮演引导者的角色，引导学生深入思考和相互学习。这种互动式的学习方法，有助于学生构建更为全面的知识体系，并增强其在会计信息化领域的专业能力。

提供多样化的学习资源和支持，是增强学生学习自主性的有效途径。在会计信息化课程中，教师应为学生提供丰富的学习材料，包括在线资源、案例分析和实践工具等。这些资源不仅拓宽了学生的学习渠道，还使他们能够根据个人需求，自主选择学习内容和进度。通过自主学习，学生能够更好地掌握会计信息化的知识和技能，提高学习的主动性和效率。教师应定期评估学生的学习进展，及时提供反馈和支持，确保学生在学习过程中获得充分的指导和帮助。

（三）实践结合原则

在会计信息化教学中，实践结合原则是确保学生将理论知识应用于实际工作的关键。设计实践任务时，需要充分考虑实际工作场景，使学生能够在真实或模拟的环境中应用所学知识。这种方法不仅提升了学生的实践能力，还能帮助他们在未来的职业生涯中更好地适应真实的工作环境。通过模拟真实的会计信息化任务，学生可以在课堂上体验到与工作岗位相似的挑战，从而更深入地理解所学内容的实际应用。

项目式学习是一种有效的教学策略，能够鼓励学生在团队中协作，解决复杂的会计信息化问题。这种学习方式不仅培养了学生的团队合作意识，也提升了他们的沟通能力。在项目中，学生需要分工合作，共同完成任务，这一过程有助于他们认识到团队合作的重要性。同时，解决复杂问题的过程也锻炼了学生的分析能力和创新思维，使他们在面对会计信息化领域的挑战时更加从容。

引入行业专家参与实践教学，是提高教学质量的重要手段。行业专家可以提供专业的指导与反馈，帮助学生理解行业标准与实际应用。这种直接的行业联系，使学生能够更好地掌握当前行业的发展趋势和技术要求，提高学习的针对性。通过与专家的互动，学生不仅能获得宝贵的职业见解，还能增强对行业的兴趣和信心，为未来的职业发展奠定坚实的基础。

阶段性实践评估是确保学生在不同学习阶段获得及时反馈的重要机制。这种评估方式可以帮助学生识别自己的优势和不足，从而促进其学习效果的持续改进与自我调整。通过阶段性的反馈，学生能够更好地理解自己的学习进度和方向，及时调整学习策略，确保在实践中不断进步。这种动态的评估机制，不仅提高了学习的有效性，也增强了学生的自我管理能力。

四、会计信息化教学任务的评估标准

（一）任务完成度

在会计信息化教学中，任务完成度不仅反映了学生对课程内容的掌握程度，还体现了学生在学习过程中所付出的努力和专注度。

任务完成度的评估包括多个方面，首先是任务的按时提交能力。学生需要在规定的时间内提交各项任务，这不仅考验他们的时间管理能力，还培养了他们的责任感和纪律性。按时完成任务是学生在未来职业生涯中管理时间和任务的基础。

任务质量评估是任务完成度的重要组成部分。高质量的任务应该符合课程预定的标准与要求，这要求学生在完成任务时，不仅要掌握理论知识，还要具备实践操作能力。通过对任务质量的评估，教师可以了解学生对会计信息化知识的理解深度和应用能力。这一过程有助于教师调整教学策略，确保教学目标的实现，并为学生提供更具针对性的指导和帮助。

任务的创新性是任务完成度的评估标准之一，它关注学生在完成任务过程中展现的独特思维和解决方案。创新性思维在会计信息化领域尤为重要，因为信息技术的快速发展要求从业者具备灵活的思维模式和创新的解决方案。通过对任务创新性的评估，教师可以鼓励学生突破传统思维框架，激发他们的创造力和探索精神，从而为他们在未来的职业发展中奠定坚实的基础。

团队协作程度是评估学生在团队项目中贡献与合作能力的关键指标。在会计信息化教学中，团队任务通常涉及复杂的问题，需要多名学生共同协作才能完成。通过评估团队协作程度，教师可以观察学生在团队中所扮演的角色、承担的责任以及与他人沟通协调的能力。这不仅有助于培养学生的团队合作精神，还能提高他们在实际工作环境中的适应能力。

任务反馈的及时性是确保学生在任务完成后能够迅速获得有效反馈的重要环节。及时的反馈可以帮助学生识别自身的优点与不足，从而进行有针对性的改进和提升。教师通过提供详细的反馈意见，不仅可以强化学生的学习效果，还能激励他们持续改进。有效的反馈机制是促进学生成长和发展的重要手段，有助于实现教学目标的达成。

（二）学习效果

在会计信息化教学中，学习效果的评估是至关重要的。评估的核心在于学生对课程核心概念的理解深度。理解深度不仅体现在学生能够记忆和复述概念，还在于学生能够在不同情境下灵活应用这些概念。这要求教学设计不仅关注知识的传授，还应注重培养学生的批判性思维和问题解决能力。通过测验、课堂讨论以及案例分析等多种方式，教师可以有效评估学生在理解会计信息化核心概念上的进展。这一过程不仅有助于教师及时调整教学策略，也为学生提供了明确的学习目标和反馈。

学生在实践项目中应用会计信息化技能的能力提升也是学习效果评估的重要组成部分。实践项目的设计应贴近实际工作场景，鼓励学生将理论知识转化为实践技能。例如，通过模拟企业财务管理系统的操作，学生可以锻炼其在真实环境中应用信息化工具的能力。这种实践导向的教学方法不仅提升了学生的操作技能，还增强了他们面对复杂问题时的应对能力。评估时，可以通过项目成果展示、操作测试等方式，全面衡量学生在技能应用方面的进步。

信息技术工具的熟练使用和自信心的建立，是衡量学习效果的重要指标之一。随着信息技术的不断发展，学生需要在短时间内掌握多种工具的使用方法。这不仅能考验学生的学习能力，也能影响他们在未来职场中的竞争力。通过设计循序渐进的练习和提供丰富的学习资源，教师可以帮助学生逐步提高其技术熟练度。同时，定期的自我评估和教师反馈，有助于学生增强自信心，激励他们不断探索和掌握新技术。

在团队合作项目中，学生的沟通与协作能力的增强，是会计信息化教学评估中的一个关键方面。团队合作是现代企业环境中必不可少的能力，因此在教学中应鼓励学生参与小组项目。在这些项目中，学生需要分工协作、有效沟通，以完成共同的目标。通过观察学生在团队中的角色扮演和贡献程度，教师可以评估其合作能力的提升。这不仅有助于培养学生的团队精神，还提升了他们在实际工作中的适应能力。

（三）学生反馈

学生反馈在评估会计信息化教学任务中扮演着至关重要的角色。通过收集学生对课程的反馈，教师可以更好地理解教学设计的有效性和学生的学习体验。学生反馈不仅是对教学活动的评价，还涉及对课程内容、教学方法以及技术应用的深层次反思。学生反馈的质量和深度直接影响着课程的改进方向和教学效果的提升。因此，建立一个有效的学生反馈机制，可以帮助教师在教学过程中及时调整策略，确保教学活动的持续优化。

学生对会计信息化课程内容的易懂程度的反馈是教学质量评估的重要指标。会计信息化课程通常涉及复杂的理论和技术知识，学生的理解程度直接关系到教学目标的实现。通过分析学生对课程内容易懂程度的反馈，教师可以识别出哪些部分需要进一步简化或补充解释。这样的反馈有助于教师设计更具针对性的教学内容，以满足不同层次学生的学习需求。同时，教师也可以通过这些反馈调整教学节奏，确保学生能够在合适的时间掌握必要的知识和技能。

在实践环节获得的技能提升感受是学生反馈的一个重要方面。会计信息化课程强调理论与实践的结合，学生在实践环节获得的技能提升感受是衡量课程成效的关键。通过学生反馈，教师可以了解到实践环节的设计是否有效，学生是否能够将理论知识应用到实际操作中。这种反馈不仅能帮助教师优化实践环节的设计，还能激发学生的学习兴趣和动机，增强他们对课程的参与感和投入度。

学生对课程互动性和参与感的评价也是教学任务评估的重要组成部分。互动性和参与感是提高教学效果的重要因素，良好的互动和积极的参与能够促进学生的深度学习。通过学生反馈，教师可以判断课程设计是否激发了学生的主动性和创造性。反馈可以揭示出哪些教学活动最能引发学生的兴趣，哪些活动需要改进，从而帮助教师设计出更具吸引力和有效性的教学任务。

学生对使用信息技术工具的满意度是评估教学任务设计的重要指标。在会计信息化课程中，信息技术工具的使用是不可或缺的。学生对这些工具的满意度不仅反映了工具本身的易用性和功能性，也反映了教师在工具应用上的指导和支持。通过反馈，教师可以了解学生在使用信息技术工具时遇到的困难和挑战，从而提供更有针对性的帮助和资源支持，提升学生的学习体验。

第三章　会计信息化教学方法

第一节　讲授法在会计信息化教学中的应用

一、讲授法的基本概念与特点

（一）讲授法的定义

讲授法是一种传统而有效的教学方法，主要由教师主导，通过口头传授知识和信息来进行教育。在会计信息化教学中，讲授法尤为重要，因为它能够系统地传递复杂的理论知识。教师通过精心设计的课程内容，利用其深厚的专业知识和教学技巧，确保学生能够准确理解和吸收会计信息化的核心概念和操作技能。讲授法不仅强调知识的传递，还注重培养学生的分析和理解能力，使其能在快速变化的技术环境中应用所学。通过这种方式，学生能够建立起完整的理论框架，为后续的实践学习打下坚实的基础。

在现代教学中，讲授法通常结合多媒体工具使用，以增强课堂的互动性和趣味性。多媒体技术的应用，如幻灯片、视频和模拟软件，不仅可以生动地展示会计信息化的流程和案例，还能吸引学生的注意力，提高他们的学习兴趣和参与度。通过多媒体的辅助，教师可以更直观地解释复杂的概念，使抽象的理论变得具体可感，从而加深学生的理解。此外，互动式的多媒体工具还能促进师生之间的交流，增强学生的参与感，提高教学效果。

讲授法适用于系统性知识的传递，尤其是在会计信息化教学中。会计信息化涉及多方面的知识，包括会计原理、信息技术、数据处理等，具有高度的复杂性和系统性。通过讲授法，教师可以按照逻辑顺序逐步展开教学内容，帮助学生厘清各知识点之间的关系，形成一个完整的知识体系。这种系统性的知识传递有助于学生在学习过程中逐步积累和巩固所学，为后续的实践应用奠定坚实的理论基础。

（二）讲授法的特点

讲授法作为传统教学方法的一种，具有鲜明的特点。讲授法能够系统地传递知识，帮助学生建立全面的理论体系。在会计信息化教学中，系统性尤为重要，因为这门学科涉及多个复杂的概念和技术。通过讲授法，教师可以有条理地将知识点逐一展开，使学生在理解的过程中形成完整的认知框架。这种系统性不仅有助于学生在课堂上理解知识，也为他们后续的自主学习奠定了坚实的基础。

讲授法还强调教师的主导作用，促进学生的知识吸收和理解。在会计信息化课程中，教师作为知识的传递者和引导者，承担着重要的责任。他们通过精心设计的课程内容和教学策略，引导学生深入理解复杂的会计信息化系统和流程。教师的主导作用体现在课程的组织、重点的把握以及难点的突破上，帮助学生在知识的海洋中找到方向，提升学习效率和效果。

结合多媒体工具的讲授法可以提高课堂的互动性和学生的参与度。现代教学技术的发展为讲授法注入了新的活力。在会计信息化教学中，教师可以利用多媒体工具，如幻灯片、视频、动画等，生动地展示会计软件的操作流程和信息化系统的运行机制。这种多感官的刺激不仅能够吸引学生的注意力，还能增强他们的学习兴趣和参与度，进而提高教学效果。

讲授法特别适合于复杂概念的解释，有助于学生在短时间内掌握重点内容。会计信息化涉及大量的技术术语和专业知识，学生在学习过程中往往会遇到理解上的障碍。通过讲授法，教师可以将复杂的概念分解为简单易懂的部分，逐步引导学生深入理解。在短时间内，学生能够抓住课程的重点和难点，从而在考试和实际应用中游刃有余。

二、讲授法在会计信息化课程中的适用范围

（一）适用课程类型

在会计信息化教学中，讲授法作为一种传统而有效的教学方法，具有广泛的适用性。在会计信息化基础课程中，讲授法能够系统地传授会计信息化的基本概念和理论框架。这些基础知识对于学生理解后续课程内容至关重要。通过教师的系统讲解，学生可以在较短时间内掌握会计信息化的核心概念，如会计信息系统的组成、功能及其在企业管理中的应用等。这种系统化的知识传授不仅有助于学生建立扎实的理论基础，还能为他们的后续学习奠定良好的基础。

会计软件使用课程是会计信息化教学中的一个重要组成部分。在此类课程

中，讲授法可以有效地解释会计软件的功能和操作流程。通过教师的详细讲解，学生可以快速掌握软件的实际应用技能。例如，教师可以通过具体案例演示软件的操作步骤，帮助学生理解如何利用软件进行数据录入、账务处理和报表生成等操作。这种教学方法不仅提高了学生的学习效率，还能增强他们在实际工作环境中的适应能力，使其能够更快地融入企业的会计信息化操作中。

财务报表分析课程中，讲授法同样具有重要的作用。该课程涉及复杂的财务分析理论和方法，教师通过讲授法可以深入浅出地讲解这些理论的应用场景和分析思维的构建。例如，教师可以通过讲授财务比率分析、现金流量分析等方法，帮助学生理解如何从财务报表中提取有效信息，以支持企业的决策过程。这种理论与实际案例相结合的教学方式，不仅提升了学生的分析能力，还培养了他们的批判性思维和解决问题的能力。

在审计信息化课程中，讲授法能够清晰地传递审计流程与信息化技术的结合。现代审计工作中，信息化技术的应用已成为必然趋势，教师通过讲授法可以帮助学生理解如何将信息化技术融入审计流程中。例如，教师可以讲解计算机辅助审计技术的使用，帮助学生掌握数据分析、风险评估等技能。这种教学方法不仅提高了学生对现代审计的理解，还为他们将来从事审计工作提供了必要的技术支持和理论指导。

（二）适用教学场景

在会计信息化课程中，讲授法具有广泛的适用性，能够有效地传递复杂的理论知识和实践技能。在传统的课堂教学环境中，教师通过系统的讲授法来传授会计信息化的理论知识。这种方法有助于学生建立起完整的基础理论框架。通过教师的详细讲解，学生能够更好地理解会计信息化的基本概念、发展起源以及其在现代企业中的应用价值。这种方法不仅能够确保知识的系统性和完整性，还能够通过教师的引导，帮助学生在学习过程中逐步形成对会计信息化的整体认知。

在在线教学平台中，讲授法同样显示出其独特的优势。教师可以利用视频讲解和实时互动功能，通过讲授法进行会计信息化课程的远程教学。这种方式不仅打破了时间和空间的限制，还能够满足不同学生的学习需求。通过在线平台，学生可以随时回放视频，反复学习重要的知识点。同时，借助实时互动功能，教师可以及时解答学生的疑问，增强教学的互动性和有效性。这种灵活的教学方式使得会计信息化课程的学习更加便捷和高效。

混合式教学模式是将传统课堂教学与在线学习相结合的一种创新教学方式。在这种模式下，教师在课堂上采用讲授法讲解会计信息化课程中的重点内容，确保学生对核心概念的理解。在课后，学生可以通过在线资源进一步巩固所学知识。这种教学模式不仅提高了课堂教学的效率，还通过课后的在线学习资源，帮助学生实现自主学习和个性化发展。通过讲授法的应用，混合式教学模式能够有效地促进学生对会计信息化课程的全面理解和掌握。

研讨会和讲座是讲授法在会计信息化教学中的重要应用场景。在这些活动中，可以邀请领域专家利用讲授法分享会计信息化领域的最新发展和实践经验。这不仅拓宽了学生的视野，还深化了他们对会计信息化的理解。通过专家的讲授，学生可以了解到国内外的最新研究动态和实践案例，从而更好地理解会计信息化在实际应用中的挑战和机遇。这种教学方式不仅丰富了学生的知识储备，还激发了他们对会计信息化领域的兴趣和探索欲望。

三、讲授法在会计信息化教学中的实施步骤

（一）教学准备

在会计信息化教学中，教学准备是讲授法实施的基础。首先，确定教学目标。教学目标的设定需要明确课程内容与学生学习预期之间的关系，这不仅为教学活动提供了方向，也帮助学生理解学习的目的。其次，收集并整理相关的教学资料和多媒体资源，以支持讲授法的实施。多媒体资源的有效利用能够帮助学生更直观地理解复杂的会计信息化概念和流程。再次，设计教学大纲。合理安排每节课的时间和重点内容，确保教学进度与学生的接受能力相匹配。又次，制定课堂互动策略。这是提高学生参与感的重要手段，通过设计问题和讨论环节，激发学生的思考与交流，促进他们对知识的深刻理解。最后，准备评估工具。这是教学准备的收尾工作，通过设计测验或作业，教师能够评估学生对知识的掌握情况，及时调整教学策略。

（二）课堂讲授

在会计信息化教学中，课堂讲授是传递知识的重要环节。教师通过精心设计的讲授内容，将复杂的会计信息化概念和技术转化为学生易于理解的知识点。在这一过程中，教师需要具备深厚的专业知识储备和教学经验，以确保课堂内

容的准确性和连贯性。此外，教学内容的组织应当符合学生的认知规律，逐步引导学生从基础知识到复杂应用的深入理解。这不仅能提高学生的学习效率，还能帮助他们建立系统的知识框架，为后续的学习打下坚实基础。

课堂讲授中，教师的语言表达技巧与节奏控制至关重要。清晰、简洁的语言可以帮助学生更好地理解复杂的会计信息化概念，而适当的节奏控制则能保持学生的注意力。教师应根据学生的反应灵活调整讲授速度，确保每个学生都能跟上教学进度。通过使用生动的语言和适当的停顿，教师可以增强课堂氛围，激发学生的学习兴趣。同时，教师在讲授过程中应注意使用专业术语，以培养学生的专业素养和思维方式。

运用多媒体工具是提升课堂讲授生动性与趣味性的有效方法。通过多媒体演示，教师可以将抽象的会计信息化概念具体化，使学生更直观地理解教学内容。图表、动画和视频等多媒体元素不仅可以丰富课堂内容，还能吸引学生的注意力，增强他们的学习体验。此外，多媒体工具的使用还可以促进学生的自主学习，帮助他们在课后进行知识的复习与巩固。这种现代化的教学手段，已成为会计信息化教学中不可或缺的一部分。

通过提问和互动环节，教师可以激发学生的思考与参与。有效的提问不仅能检验学生的理解程度，还能引导他们进行更深入的思考。互动环节则为学生提供了表达自己观点和疑问的机会，促进了师生之间的交流。通过小组讨论、案例分析等方式，学生可以在交流中深化对会计信息化知识的理解，并提高解决实际问题的能力。这种互动式教学方法，有助于培养学生的批判性思维和团队合作能力。

课堂讲授后进行知识回顾与总结，是巩固学生学习效果的重要步骤。在课程结束时，教师应帮助学生梳理课堂上所学的主要内容，强调关键概念和知识点。通过总结，学生可以将分散的知识点串联成系统的知识网络，增强记忆效果。此外，教师还可以布置一些思考题或小测验，帮助学生检验自己的学习成果。

（三）课后总结

课后总结是会计信息化教学中不可或缺的一环。通过课后总结，学生能够有效回顾和巩固课堂上所学的知识，进一步加深对会计信息化概念和方法的理解。课后总结的重要性在于，它不仅帮助学生整理和反思课堂内容，还为教师提供了一个评估教学效果的契机。通过总结，教师可以收集学生的反馈，了解他们的学习困惑和需求，从而调整后续的教学策略，以增强整体教学效果。

在课后总结过程中，教师应积极鼓励学生进行自我反思。这一过程可以有效提升学生的学习主动性，使他们在探索会计信息化复杂概念时，能够更加自主地进行学习。学生通过自我反思，能够发现自身知识的盲点和不足，从而在后续学习中有针对性地进行改进和提升。此外，课后总结阶段还应鼓励学生提出疑问，以便教师能够进一步澄清课堂上未能深入探讨的知识点。这种互动不仅有助于学生更好地掌握知识，还能促进师生之间的良性沟通。

课后总结是教师评估学生对知识掌握程度的重要工具。通过学生在课后总结中的表现，教师可以判断学生对会计信息化各个知识点的理解深度和广度。这一评估过程为教师提供了宝贵的参考依据，使他们能够在后续教学中有针对性地调整教学内容和方法，确保每一位学生都能在会计信息化的学习中获得最佳的学习效果。

四、讲授法在会计信息化教学中的优势与局限

（一）讲授法的优势分析

讲授法作为传统教学方法，在会计信息化教学中展现了其独特的优势。讲授法能够高效传递系统性知识，使学生在较短时间内掌握会计信息化的核心理论与概念。这种方法通过教师的直接讲解，将复杂的理论知识系统化、条理化地传递给学生，帮助他们快速建立对会计信息化的整体认知。尤其在会计信息化这一涉及多领域交叉知识的课程中，讲授法的系统性传递优势显得尤为重要。

通过教师的专业讲解，讲授法不仅能够传递知识，还能激发学生的学习兴趣，提升课堂的参与度和互动性。在会计信息化课程中，教师通过生动的讲解和丰富的案例分析，能够使原本枯燥的理论知识变得生动有趣，从而吸引学生的注意力。教师在讲授过程中通过提问、讨论等方式，鼓励学生积极参与课堂互动，这种互动性有助于学生对知识的深刻理解和记忆。

讲授法结合多媒体工具，可以增强教学的生动性，帮助学生更好地理解复杂的会计信息化内容。多媒体工具的使用，如动画、视频、图表等，不仅丰富了课堂内容的呈现方式，也使得复杂的会计信息化概念更加直观、易懂。通过视觉和听觉的多重刺激，学生能够更全面地理解和吸收知识，提高学习效果。

讲授法还适用于复杂概念的解释，能够帮助学生建立扎实的理论基础，为

后续的实践学习打下良好的基础。在会计信息化教学中，许多概念和原理具有较高的复杂性，学生在初学时往往难以理解。讲授法通过教师的详细讲解和清晰的逻辑推理，帮助学生厘清概念之间的关系，形成系统的理论框架。

（二）讲授法的局限性

讲授法在会计信息化教学中的局限性是一个值得深入探讨的话题。尽管讲授法作为传统教学方法在信息传递上具有一定的效率，但其过于依赖教师的知识和表达能力，这种依赖可能导致学生在知识的理解和吸收上出现不均衡的情况。教师的表达能力和知识储备直接影响着学生对信息的接收，若教师在某些方面的表达不够清晰或知识不够全面，学生就可能无法全面理解所学内容。这种局限性在会计信息化教学中尤为明显，因为信息化知识更新较快，教师若无法及时更新自身知识体系，便会影响学生的学习效果。

讲授法在信息化教学中可能无法及时回应学生的个性化需求，这限制了学生的自主学习和探索能力。在会计信息化的学习过程中，学生往往会遇到各种各样的问题，他们的学习需求也各不相同。讲授法通常是教师单向的信息传递，缺乏互动性，难以根据学生的实际需求进行调整。这种情况下，学生的个性化学习需求得不到满足，可能导致学习兴趣下降和学习效果不佳。尤其是在培养学生创新能力和解决实际问题的过程中，讲授法的这种局限性显得尤为突出。

过度依赖讲授法可能导致学生缺乏实践操作的机会，影响其实际应用技能的培养。在会计信息化教学中，实践操作是培养学生应用技能的重要环节。然而，讲授法通常以理论讲解为主，学生很少有机会进行实践操作。这种教学方式可能导致学生在面对实际问题时缺乏应对能力，难以将理论知识转化为实际操作技能。为了弥补这一不足，教学中应增加实践环节，以提高学生的动手能力和解决实际问题的能力。

讲授法在处理复杂概念时，可能无法充分激发学生的批判性思维与创新能力。这是因为讲授法通常是教师主导的教学过程，学生被动接收信息，缺乏主动思考和探索的机会。在会计信息化教学中，许多概念和技术是复杂且抽象的，如果仅通过讲授法进行教学，学生可能难以深入理解和运用这些知识。缺乏批判性思维和创新能力的培养，不利于学生在信息化环境中灵活应用所学知识。

第二节　项目教学法在会计信息化教学中的应用

一、项目教学法的定义与特点

（一）项目教学法的定义

项目教学法是一种创新的教学方法，其核心在于以学生为中心，通过实际项目的开展，激发学生的主动学习和实践能力。此方法的定义不是局限于传统的课堂教学，而是通过让学生参与真实或模拟的工作环境来进行学习。这种教学方法的优势在于它强调学生在解决实际问题时，能够灵活运用所学的知识和技能，从而提升其综合能力。项目教学法的实施通常需要跨学科的合作，这种合作不仅增进了学生之间的团队协作，还提高了他们的沟通能力。在会计信息化教学中，项目教学法的应用尤为重要，因为它能有效地将理论知识与实际应用相结合，帮助学生更好地理解复杂的会计信息系统和技术。

项目教学法的一个显著特点是注重过程评估。与传统的结果导向评估不同，项目教学法强调学习过程中的每一个阶段。教师在项目实施过程中，需根据学生的表现进行及时的反馈和指导。这种反馈机制不仅能帮助学生在项目进行中及时调整学习策略，还能显著提高学习效果。在会计信息化教学中，教师通过项目教学法可以观察学生在项目实施中的思维过程和解决问题的能力，从而为学生提供更具有针对性的指导和支持。这种教学方法的应用，不仅培养了学生的专业技能，也为他们未来的职业发展奠定了坚实的基础。

（二）项目教学法的特点

项目教学法在会计信息化教学中的应用，具有独特的特点和优势。项目教学法强调学生在实践中学习，通过真实或模拟的项目提升其解决问题的能力。这种方法要求学生在实际环境中应用所学知识，解决具体问题，从而加深对理论知识的理解。通过参与项目，学生不仅能够锻炼专业技能，还能培养分析问题和解决问题的能力。这种实践导向的学习方式，使学生能够在真实的情境中进行思考和操作，获得更为深刻的学习体验。

项目教学法的一个显著特点是促进跨学科合作，使学生能够在团队中协作，增强沟通和合作能力。在会计信息化教学中，项目通常需要学生结合多学科的知识，如会计、信息技术、管理学等。通过团队合作，学生能够学习如何与不同背景的成员进行有效的沟通和协作，分工合作以达成共同的目标。这种合作学习的模式，不仅提高了学生的团队协作能力，还增强了其适应不同工作环境的能力，为今后的职业发展奠定了基础。

项目教学法还注重过程评估，教师根据学生在项目中的表现进行反馈，帮助其不断改进和提升。在项目进行过程中，教师通过观察和记录学生的表现，及时给予反馈意见，指出其不足并提出改进建议。这种过程性评估，不仅关注学生的最终成果，还重视其在项目实施过程中的学习和成长。通过持续的反馈和指导，学生能够不断反思自己的学习过程，调整学习策略，从而实现更高水平的学习效果。

项目教学法鼓励学生自主学习，激发其探索精神和创新能力，培养终身学习的意识。在会计信息化教学中，项目通常具有一定的开放性和挑战性，要求学生自主寻找解决方案。学生在项目中需要主动获取信息、分析问题、制订计划并实施，这一过程培养了其自主学习的能力。同时，项目教学法的开放性和多样性，激发了学生的好奇心和创造力，促使其探索新的知识领域和技术方法。

二、项目教学法在会计信息化课程中的设计与实施

（一）课程设计原则

课程设计原则在会计信息化教学中扮演着至关重要的角色。通过明确的课程目标，教学内容能够更好地与学生的学习需求和职业发展相结合，确保学生在学习过程中获得有针对性的知识和技能。这一原则强调教学目标的具体化和可测量性，使教师能够根据不同学生的需求调整教学策略，增强教学效果。同时，课程设计应当充分考虑会计信息化行业的快速发展，选择与行业实际紧密相关的项目主题，以增强学习的实际意义和应用价值。通过这种方式，学生不仅能够掌握理论知识，还能在实践中提升解决实际问题的能力。

在项目教学法的应用中，注重学生的自主选择是一个关键原则。课程设计应允许学生在项目中根据个人兴趣和特长选择不同的角色或任务。这种灵活性不仅激发了学生的学习兴趣，也促进了个性化发展，使每位学生都能在自己的优势领域得到充分锻炼。此外，这种自主选择的机制可以培养学生的责任感和

自主学习能力，为他们未来的职业发展奠定坚实的基础。通过这样的设计，学生能够更好地理解和适应多变的职业环境，提升自身的竞争力。

团队合作在项目教学法中占据重要位置。在课程设计中，必须考虑到小组合作的机制，以培养学生的沟通与协作能力。通过团队合作，学生能够在项目中学会分工协作、资源共享，并在解决问题的过程中培养团队意识。这种合作不仅有助于提高项目的整体质量，还能帮助学生在相互学习中完善自己的知识体系和技能结构。团队合作的经验对学生未来的职业生涯具有重要意义，因为在现代职场中，协作能力已成为衡量个人综合素质的重要标准。

过程导向评估是项目教学法的一个重要特点，它重视学生在项目实施过程中的表现和成长，而不仅仅关注最终成果的评价。这种评估方式能够全面反映学生在学习过程中的进步和不足，帮助教师及时调整教学策略，提高教学质量。通过过程导向评估，学生能够更清晰地认识到自己的学习状态和发展方向，从而在后续学习中有针对性地改进和提升。

（二）实施步骤

项目教学法在会计信息化课程中的实施步骤需要精心设计，以确保教学目标的实现和学生能力的全面发展。设定清晰的课程目标是实施项目教学法的关键环节。课程目标应充分考虑学生的职业发展需求，确保课程内容与会计信息化领域的实际应用相结合。这不仅有助于激发学生的学习动机，也能使他们在学习过程中积累与未来职业相关的实用技能。

在项目教学法的实施过程中，学生角色与任务的自主选择是促进个性化发展的重要策略。这一过程鼓励学生根据自身兴趣和发展方向选择任务，激发他们的学习热情和主动性。通过自主选择，学生能够更好地理解自己的学习目标，并在项目中发挥个人特长，这对于培养学生的创新能力和解决问题的能力具有积极意义。

设计有效的团队合作机制是项目教学法成功实施的一个重要步骤。团队合作不仅能增强学生之间的沟通能力，还能培养他们的协作精神。在团队中，学生需要分工合作，互相支持，以共同完成项目任务。通过团队合作，学生能够体验到集体智慧的力量，并在实践中学习如何处理团队内部的冲突与协调问题，这为他们未来的职业生涯打下坚实的基础。

过程导向评估是项目教学法中不可或缺的一环，它强调对学生在项目执行过程中的表现与成长进行持续性评估。与传统的结果导向评价不同，过程导向评估关注学生在项目中的学习过程和能力提升。这种评估方式不仅能帮助教师及时了解学生的学习进展，还能为学生提供有针对性的反馈，帮助他们识别自身的优势与不足，从而不断提升自身的综合素质。

（三）教学资源配置

在会计信息化课程中，教学资源配置是项目教学法成功实施的关键因素。教学资源的多样化配置能够有效满足不同学习风格学生的需求。为此，课程设计应包括丰富的教材、在线课程以及视频讲解等多种形式的教学资源。这些资源不仅提供了理论知识，还通过多媒体手段增强了学生的学习体验，帮助他们更好地理解复杂的会计信息化概念。多样化的资源使得学生能够根据个人偏好选择最适合的学习方式，从而提高学习效率。

提供实际操作环境和工具是增强学生实践能力的重要途径。在会计信息化教学中，引入会计软件和模拟系统，让学生在真实情境中应用所学知识，能够有效地缩短理论与实践之间的距离。这种基于实践的学习方法，使学生能够在模拟的企业环境中处理实际业务案例，培养他们解决实际问题的能力。这不仅提升了学生的技术技能，也增强了他们在未来工作中的竞争力。

建立与行业相关的合作关系是提升教学实践性和前瞻性的重要举措。通过邀请企业专家参与项目指导，学生能够获得来自行业一线的宝贵经验和见解。这种合作不仅使教学内容更贴近实际应用，还为学生提供了与行业专家直接交流的机会，拓宽了他们的视野。企业专家的参与也使课程内容更具前沿性，确保学生学习到的知识能够适应快速变化的会计信息化领域。

利用网络平台和社交媒体创建学习社区，能够极大地促进学生之间的互动与知识分享。在这些平台上，学生可以分享学习资源、交流学习心得，甚至开展小组讨论。这种互动式的学习方式，不仅增强了学生的参与感和归属感，还培养了他们的团队合作能力和沟通技巧。学习社区的建立为学生提供了一个开放的学习环境，使得知识的传递不再局限于课堂。

三、项目教学法对学生实践能力的培养

（一）实践能力的定义

实践能力是现代教育中极为重要的一个概念，尤其在会计信息化教学中

具有特殊的意义。实践能力的定义可以概括为学生在真实或模拟环境中应用所学知识和技能解决实际问题的能力。这一能力的培养有助于学生将理论知识转化为实际操作技能，从而提高他们在职场中的适应性和竞争力。实践能力不是对知识的简单应用，更是对知识的灵活运用和创新思维的体现。在会计信息化的背景下，学生需要掌握复杂的信息系统、数据处理技术和财务分析工具，这就要求他们具备良好的实践能力，以应对不断变化的技术和市场需求。

实践能力的核心在于分析和评估问题的能力，这使学生能够在复杂的情境中做出合理的决策。在会计信息化教学中，学生需要面对大量的数据和信息，如何从中提取有用的信息、进行有效的分析和评估，是实践能力的重要体现。通过项目教学法，学生可以在模拟的商业环境中锻炼自己的分析能力，学习如何在面对不确定性和多变的市场条件时做出明智的决策。这种能力的培养不仅有助于学生在学术上的成长，也为他们未来的职业生涯奠定了坚实的基础。

团队合作与沟通是实践能力的重要组成部分。在会计信息化的项目教学中，学生通常需要在小组中共同完成任务，这就要求他们具备良好的团队合作和沟通能力。通过项目教学法，学生可以在小组项目中学会如何有效地分工协作、分享信息和资源，以及如何在团队中发挥自己的特长。这种合作能力的培养，不仅能提高学生的学习效果，还能增强他们在未来职场中的竞争力，因为现代职场越来越强调团队合作和跨部门的沟通能力。

适应变化和持续学习的能力也是实践能力的重要方面。在快速发展的会计信息化领域，技术和市场环境变化迅速，学生需要具备良好的适应能力，以应对这些变化。项目教学法通过提供动态的学习环境，帮助学生培养适应变化的能力，使他们能够在变化的环境中保持竞争力。此外，持续学习的能力也是实践能力的关键，学生需要不断更新自己的知识和技能，以适应新的技术和行业标准。

（二）实践能力培养方法

项目教学法在会计信息化教学中的应用，强调通过实践能力的培养，使学生能够在实际工作中灵活应用所学知识。实践能力的培养方法之一是通过真实项目的实施。学生在参与这些项目的过程中，将理论知识应用于实际情境中。这种方法不仅能够帮助学生加深对理论知识的理解，还能提升他们解决实际问题的能力。在项目实施过程中，学生需要面对各种实际问题，通过分析、判断和决策，找到解决方案。这种以问题为导向的学习方式，有助于学生在未来的职业生涯中，快速适应不断变化的工作环境。

设计跨学科的项目是培养学生实践能力的一个重要方法。会计信息化不仅涉及会计学科的知识，还需要整合信息技术、管理学等领域的知识。通过跨学科的项目，学生能够在不同领域的知识中找到联系，并将其整合应用于实际问题的解决。这种综合分析能力的培养，不仅提升了学生的知识广度和深度，还增强了他们在复杂环境中进行决策的能力。跨学科项目的设计，需要教师具备丰富的专业知识和教学经验，以确保项目的科学性和可操作性。

提供模拟环境和实际操作机会，是项目教学法中不可或缺的一部分。在会计信息化教学中，模拟环境可以通过软件模拟、虚拟现实等技术实现。学生在这些环境中进行操作，能够接触到与真实工作环境相似的任务和挑战。这种接近真实的情境，能够让学生在实践中提高动手能力和技术应用能力。与此同时，实际操作的机会也能够帮助学生积累经验，为未来的职业发展打下坚实的基础。通过反复的实践和操作，学生不仅能够掌握技术，还能培养出良好的职业素养。

四、项目教学法在会计信息化教学中的评价标准

（一）评价指标

评价指标是衡量教学效果的重要工具。

学生在项目中所展现的实际操作能力是首要的评价指标。这不仅包括学生对会计软件的熟练应用，还涉及其对相关工具的灵活运用。通过实际操作，学生能够更好地理解会计信息化的核心概念和技术要求。评价学生的实际操作能力，可以帮助教师了解学生对会计信息系统的掌握程度，并为后续教学提供反馈依据。实际操作能力的提高，也为学生未来的职业发展奠定了坚实的基础。

学生在团队合作中的角色表现是一个关键的评价指标。在项目教学法中，团队合作是实现教学目标的重要手段。通过评估学生在团队中的沟通、协作和领导能力，教师可以了解学生在团队环境中的适应性和贡献度。有效的沟通和协作能力对于解决复杂的会计信息化问题至关重要，而领导能力则有助于学生

在团队中发挥更大的影响力。通过这些评估，教师可以帮助学生识别自身的优势与不足，从而促进其全面发展。

项目成果的创新性和实用性是评价项目教学法效果的重要标准。创新性表现为学生在解决实际问题时所展现的独特思路和方法，而实用性则反映了项目成果在真实情境中的应用价值。通过对项目成果的评估，教师可以鼓励学生在学习过程中不断探索新的解决方案，并将理论知识与实际应用相结合。这种评价不仅激发了学生的创造力，还提高了他们解决实际问题的能力。

（二）评价方法

项目教学法在会计信息化教学中的评价方法多样化，旨在全面衡量学生在项目中的综合表现。评价方法不仅关注项目的最终结果，还注重过程中的学习与发展。通过多维度的评价手段，教师能够更准确地了解学生的学习状态和能力提升情况。

定量评估在项目教学法中扮演着重要角色。通过设定具体的量化指标，如项目成果的完成度和时间管理能力，教师可以客观地评估学生在项目实施过程中的表现。这种评估方式不仅能够直观地反映学生的任务完成情况，还可以通过对时间管理的考察，帮助学生提升计划与执行能力。定量评估的数据化特征使得评价结果更加客观，便于学生理解自身的长处与不足，从而进行有针对性的改进。

与定量评估不同，定性评估更关注学生在项目过程中的行为表现和思维能力。教师通过观察学生在项目中的参与度、创新思维和解决问题的能力，能够提供更具针对性的反馈和指导。这种评估方式强调学生的个人发展，鼓励他们在项目中积极参与，勇于创新，并有效解决实际问题。定性评估不仅关注结果，更重视学生在学习过程中的成长和变化，为他们提供个性化的学习建议，促进全面发展。

自我评估是项目教学法中的重要环节，它鼓励学生主动反思自己的项目参与过程。通过自我评估，学生可以更清晰地认识到自己在团队中的角色和贡献，并发现自身的优缺点。这种反思过程有助于学生提高自我认知能力，增强责任感和团队合作意识。自我评估不仅是对过去工作的总结，也是对未来学习的激励，促使学生在后续的项目中不断改进，追求更高的学习成效。

第三节　情境教学法在会计信息化教学中的应用

一、情境教学法的基本概念与特点

（一）情境教学法的定义

情境教学法是一种以真实或模拟情境为基础的教学方法，旨在通过具体情境的设置让学生在实践中学习和应用知识。这种教学法的核心在于通过情境的构建，使学生能够在仿真的环境中进行探索和实践，从而更好地理解和掌握所学内容。在会计信息化教学中，情境教学法尤其重要，因为它能够将抽象的会计理论与实际的会计操作相结合，帮助学生在学习过程中更直观地理解复杂的会计信息化系统。

情境教学法强调学生在特定情境中进行探究和解决问题，促进学生的参与感和主动性。在会计信息化教学中，教师可以通过设计真实的商业案例或模拟企业环境，让学生在解决实际问题的过程中学习和应用会计信息化的知识。这不仅提高了学生的学习积极性，也培养了他们在未来职业生涯中所需的实际操作能力和问题解决能力。

情境教学法注重与实际工作环境的结合，使学生能够在接近真实的情境中体验和理解会计信息化的相关知识和技能。通过模拟真实的工作流程和操作环境，学生可以更好地理解会计信息化系统的运作原理和应用技巧。这种教学方法不仅提高了学生的实践能力，还增强了他们对会计信息化工作的信心和兴趣。

（二）情境教学法的主要特点

情境教学法是一种以学生为中心的教学方法，其主要特点在于通过真实或模拟的工作环境，让学生在实践中学习，增强其对会计信息化知识的理解和应用能力。这种方法通过构建接近实际工作环境的情境，使学生能够在真实的业务流程中应用所学知识，从而提升其分析问题和解决问题的能力。在会计信息化教学中，情境教学法不仅提高了学生对复杂信息系统的理解，还使他们能够更好地掌握会计软件的操作技能和数据分析能力。

该方法强调学生在特定情境下进行探究，促进主动学习和问题解决能力的提升。通过设计具有挑战性的任务或问题情境，学生需要运用所学知识进行分析和判断，进而找到解决方案。这种探究式学习模式，不仅培养了学生的批判性思维和创新能力，还增强了他们在团队合作中的沟通和协调能力。情境教学法的应用，使学生在学习过程中能够更加主动地参与到知识的建构和应用中，真正实现了自主学习的目标。

情境教学法能够激发学生的学习动机，使学习过程更加生动和有趣，从而提高学生的参与感。通过将抽象的理论知识与具体的实践活动相结合，学生在真实的业务场景中感受到学习的意义和价值。这种教学方法不仅提高了学生的学习兴趣，还增强了他们的职业认同感和责任感。在会计信息化教学中，情境教学法通过多种形式的互动和交流，激发了学生的学习热情，使他们能够更加积极主动地参与到学习活动中。

二、情境教学法在会计信息化课程设计中的应用

（一）课程内容的情境化设计

在会计信息化课程中，情境化设计是提升学生实践能力的关键。通过设计多种情境任务，如财务报表编制和审计流程模拟，学生能够在真实的业务场景中应用所学知识。这种方法不仅能够使学生熟悉会计信息化的具体操作，还能够提升他们的应用能力。情境任务的设计要求教师深入了解企业实际操作流程，并将其转化为教学素材，让学生在模拟情境中进行角色扮演和任务执行。这种方式有助于学生理解理论与实践的联系，并在实践中验证和巩固所学知识。

角色扮演是情境教学法中一个重要的策略。通过让学生扮演不同的职业角色，如财务分析师、审计员等，他们能够在特定情境下体验会计信息化的实际应用。这种体验式学习不仅能够增强学生的职业认知，还能提高他们的团队合作能力。在角色扮演过程中，学生需要与团队成员沟通和协作，模拟真实的工作环境。这种互动性强的学习方式，有助于培养学生的沟通技巧和团队协作精神，增强其在未来职业生涯中的适应能力。

创建虚拟实训环境是情境教学法在会计信息化课程中的一种重要应用。通过提供实际操作工具和软件，学生可以在接近真实的情境中进行自主学习和探索。这种环境使学生能够动手实践，提升其技术应用能力。在虚拟实训中，学生不仅要完成特定的任务，还需要解决在操作过程中遇到的问题。这种自主学习的方式，

能够激发学生的学习兴趣和主动性，同时培养其独立解决问题的能力。这种实训环境的设计，要求教师具备一定的技术支持能力，并能够及时提供指导和反馈。

情境教学法在会计信息化课程设计中的应用，不仅丰富了教学手段，还提升了教学效果。通过情境化设计、角色扮演和虚拟实训，学生能够在多样化的学习情境中提升实践能力和职业素养。这种教学方法的实施，要求教师具备较高的专业素养和创新能力，同时需要学校提供相应的技术支持和资源保障。通过不断优化和完善情境教学法的应用，能够更好地满足会计信息化教学的需求，培养出适应现代会计行业发展的高素质人才。

（二）教学资源的情境化整合

在会计信息化课程设计中，教学资源的情境化整合是提升学生学习效果的重要策略。通过将教学资源与实际情境相结合，学生可以更好地理解抽象的会计信息化概念。情境化整合不是简单的资源组合，而是需要根据教学目标和学生特点，精心设计和选择适当的资源，以构建一个真实或模拟的学习环境。这种方法能够激发学生的学习兴趣，增强其对知识的感知和理解，从而达到更好的教学效果。

整合多媒体教学资源是情境化整合的重要组成部分。利用视频、动画和互动软件等多媒体工具，可以将复杂的会计信息化知识形象化、具体化，帮助学生更直观地理解和掌握知识点。例如，通过动画演示会计信息系统的运行流程，或使用互动软件模拟企业财务数据的处理过程，学生能够在动态的学习环境中，主动参与到知识的建构过程中。这不仅提高了学生的学习积极性，还促进了知识的深度内化。

建立虚拟实验室是情境化整合的一种重要手段。虚拟实验室为学生提供了一个安全、可控的会计软件模拟操作环境，使他们能够在接近真实的情境中进行实践操作。通过在虚拟实验室中模拟处理会计事务，学生可以在实践中巩固理论知识，提升动手能力和技术应用能力。这种实践体验式学习，有助于学生将书本知识转化为实际操作技能，增强其在未来职业中的竞争力。

三、情境教学法在课堂互动中的实施策略

（一）互动情境的设计原则

在会计信息化教学中，设计有效的互动情境是实现教学目标的重要途径。

互动情境的设计原则要求情境与课程目标紧密结合，以增强学生的学习动机和参与度。课程目标明确，情境设计才能有的放矢，学生在学习过程中才能感受到目标的存在和重要性，从而激发其内在的学习动机。通过将课程目标转化为具体的学习任务，学生能够更清晰地理解学习目标，并在互动情境中积极参与，实现知识的内化与技能的提升。

互动情境的设计需具备真实感，使学生能够在接近实际的环境中进行学习。这种真实感不仅有助于学生理解复杂的会计信息化概念，还能提高他们在实际工作中应用所学知识的能力。通过模拟真实的商业环境，学生可以在安全的课堂中进行实践，培养解决实际问题的能力。这种教学策略不仅提升了学生的应用能力，还为他们在未来职业生涯中应对复杂情境做好了准备。

互动情境的多样性也是设计中的关键要素。不同学生具有不同的学习风格和需求，因此设计多样化的互动情境可以更好地满足学生的个性化学习需求。通过提供多种类型的情境，教师能够帮助学生在各自擅长的领域中发挥优势，同时也能引导他们在不擅长的领域中进行探索和尝试。这种多样化的设计不仅促进了学生的全面发展，也为课堂注入了活力和变化。

（二）课堂互动的实施步骤

在会计信息化教学中，课堂互动的实施步骤是确保情境教学法有效应用的关键。设计情境任务时，必须确保这些任务与课程目标相一致，以提高学生的参与度和学习动机。这一过程涉及对课程内容的深入分析，明确教学目标，并将其转化为具体的情境任务。这些任务不仅要具备挑战性，还需贴近学生的实际生活和未来的职业需求，使学生能够在解决实际问题的过程中，提升自己的会计信息化能力。这种设计不仅有助于激发学生的学习兴趣，还能帮助他们在实践中巩固所学知识。

明确角色和任务分配是课堂互动实施的重要环节。通过合理的角色分配，可以促进学生之间的合作与沟通，增强团队协作能力。在情境教学中，教师需要根据学生的特点和能力，分配适合的角色和任务，确保每个学生都能在团队中发挥自己的特长。这种角色分配不仅能提高学生的参与感，还能使他们在角色扮演中加深对会计信息化知识的理解。同时，明确的任务分配也有助于学生在合作中学会沟通和协调，培养他们的团队合作精神和解决问题的能力。

利用多媒体资源是提升学生对情境任务理解和应用能力的重要手段。在会计信息化教学中，结合视频和互动软件，能够使抽象的会计概念变得更加直观和生动。多媒体资源的使用，不仅可以丰富课堂内容，还能提供多样化的学习体验，帮助学生更好地理解和应用所学知识。例如，利用视频案例分析，可以让学生直观地观察到会计信息化在实际工作中的应用，进而提高他们的学习效率和效果。互动软件则可以通过模拟真实会计环境，让学生在虚拟情境中进行操作，增强他们的实践能力。

设置反馈机制是促进课堂讨论深入和有效性的重要策略。在情境教学中，及时的反馈能够帮助学生明确自己的学习进度和不足。教师可以通过多种方式鼓励学生在互动过程中分享意见和建议，如小组讨论、课堂展示等。这种反馈机制不仅能促进学生之间的交流和思维碰撞，还能帮助教师了解学生的学习情况，以便及时调整教学策略。

四、情境教学法对学生实践能力的提升

（一）实践能力提升的机制

实践能力的提升是现代教育中不可或缺的目标，尤其在会计信息化教学中显得尤为重要。通过真实情境的模拟，学生能够在实践中应用理论知识，这一过程不仅增强了他们对会计信息化技能的掌握，还让他们在模拟的环境中体验实际工作情景。这种教学方法通过构建接近真实的商业环境，使学生在“做中学”，从而加深对复杂会计信息系统的理解。模拟真实情境的教学方式，有助于学生将课堂所学的理论知识转化为实际操作能力，培养他们在现实工作中应对挑战的能力。

情境教学法还鼓励学生在特定情境中进行探究，提升其问题解决能力和创新思维。在会计信息化的学习过程中，学生面对的不仅是技术操作，更是如何将技术与会计业务相结合的问题。通过情境教学，学生能够在模拟的商业环境中发现问题、分析问题并提出解决方案，这一过程锻炼了他们的批判性思维和创新能力。学生在探究过程中，不仅提升了对会计信息系统的理解，也培养了他们在面对不确定性时的应变能力。

（二）学生反馈与能力评估

在会计信息化教学中，学生反馈与能力评估是情境教学法的重要组成部分。学生在项目实施过程中对自身表现的反思，能够有效地促进自我评估和改进能

力的提升。通过反思，学生可以识别出在项目实践中遇到的挑战和解决方案，从而在未来的学习和工作中更加从容地应对类似问题。这种自我反思的过程不仅有助于学生发现自身的不足，还能激励他们在后续学习中不断进步，形成良好的学习习惯和思维方式。

教师在评估学生实践能力时，应结合学生在具体项目中的表现，提供针对性的反馈。这种反馈不应限于指出学生的优缺点，还应包括具体的改进建议，以帮助学生在实践中更好地应用所学知识。教师的反馈不仅是学生自我提升的动力源泉，也是教学质量的重要保障。通过有效的教师反馈，学生能够更加清晰地了解自身的学习状态和能力水平，从而进行有针对性的学习和改进。

同伴评估是情境教学法中一种重要的评估方式。通过同伴评估，学生可以从不同的视角获得反馈，增强对自身能力的全面理解。这种多元化的评估方式不仅能帮助学生更好地认识自我，还能培养他们的批判性思维和沟通能力。在同伴评估过程中，学生需要学会从他人的角度考虑问题，并提出建设性的意见，这对于他们未来在团队合作中扮演积极角色具有重要意义。

设定明确的评价标准是确保学生在实践中表现评估的客观性和公正性的重要手段。通过量化的评价标准，教师和学生都能更加清晰地了解评估的依据和结果。这种透明的评估机制不仅能提高学生对评估结果的接受度，还能激励他们在实践中努力达到更高的标准。

第四章　会计信息化教学的信息化手段

第一节　多媒体教学在会计信息化教学中的应用

一、多媒体教学资源的设计与开发

（一）资源类型选择

在会计信息化教学中，选择合适的多媒体教学资源类型至关重要。多媒体资源的类型多样，包括文本、图像、音频、视频等，各种类型的资源在教学中扮演着不同的角色。文本资源常用于提供理论知识，图像资源可以帮助学生更直观地理解复杂的会计流程，音频资源适合用于讲解难点，而视频资源则能动态展示会计信息化的操作过程。在选择资源类型时，需综合考虑教学内容的特点、学生的学习需求以及教学目标，以确保所选资源能够有效支持教学活动，提高学习效果。

视频教学资源在会计信息化教学中具有重要的作用。优质的视频资源不仅可以生动地展示会计信息化系统的操作步骤，还能通过动画和图形化展示复杂的会计概念，帮助学生更好地理解和掌握。制作视频教学资源时，应注重内容的准确性和逻辑性，确保信息传递的清晰与有效。同时，视频的节奏和长度也需适中，以保持学生的注意力。结合实际案例进行讲解，可以增加学生的学习兴趣和参与度，进一步提高教学效果。

互动式课件是会计信息化教学中不可或缺的工具。通过互动式课件，教师可以将抽象的会计理论转化为具体的操作练习，使学生在动手实践中加深对知识的理解。课件设计应注重交互性，提供即时反馈机制，帮助学生及时纠正错误。应用互动式课件时，教师需引导学生积极参与互动活动，培养其自主学习能力和问题解决能力。合理的情境设置和任务设计能有效激发学生的学习动机，促进其在实践中掌握会计信息化技能。

模拟软件的整合是提升会计实务教学效果的重要手段。通过模拟软件，学生可以在虚拟环境中进行真实的会计操作，体验从数据录入到报表生成的全过程。这种实践体验有助于学生将理论知识应用于实际操作中，增强其对会计信息化系统的理解和应用能力。在教学中，教师应根据教学目标选择合适的模拟软件，并设计相应的教学任务，引导学生在模拟操作中发现问题、解决问题，提升其实务操作能力和综合素质。

在线学习平台为会计信息化教学提供了丰富的功能支持。通过在线平台，教师可以发布教学资源、组织在线讨论、布置作业和评估学习进度，为学生提供全方位的学习支持。平台的使用不仅突破了时间和空间的限制，还为个性化学习提供了可能。教师在使用在线学习平台时，应充分利用其交互功能，鼓励学生参与讨论和交流，培养其合作学习能力。

（二）资源开发流程

在会计信息化教学中，资源开发流程是确保教学资源高效和实用的关键。明确教学目标与进行详细的需求分析。这一步骤不仅是整个流程的起点，也是决定资源开发方向的基础。通过明确教学目标，教师可以更好地理解学生的学习需求，确保所开发的资源能够满足特定的教学要求。需求分析则是通过调查和研究，深入了解学生的知识背景、学习习惯以及课程的具体要求，从而为后续的资源开发提供精准的指导。

选择合适的多媒体工具与技术平台。多媒体工具的选择直接影响着教学资源的表现形式和使用效果。在会计信息化教学中，常用的多媒体工具包括视频编辑软件、交互式白板、在线协作平台等。这些工具可以帮助教师将复杂的会计概念通过生动的视觉和听觉效果进行展示，增强学生的理解与记忆。此外，技术平台的选择也至关重要，应根据教学环境和学生的技术水平进行合理选择，以确保资源的可访问性和易用性。

设计教学内容与资源框架是资源开发流程的核心环节。教学内容的设计需要结合会计学科的特点，确保内容的准确性和系统性。同时，资源框架的设计需要考虑资源的组织结构和呈现方式，以便于学生的学习和教师的教学。在这一过程中，教师应充分利用多媒体的优势，设计出既能激发学生兴趣又能提高教学效果的资源。

资源的制作与测试是将设计转化为实际教学资源的重要步骤。在制作过程中，应严格按照设计的内容和框架进行制作，确保资源的质量和一致性。测试则是确保资源在实际使用中能够正常运行的重要环节。通过测试，可以发现资源在使用过程中可能出现的问题，并进行及时的调整和修正，以提高资源的稳定性和实用性。

（三）资源整合策略

在会计信息化教学中，资源整合策略是提高教学效率和效果的重要手段。通过有效的资源整合，教学资源可以更好地服务于教学目标，并满足学生的学习需求。多媒体资源的跨平台整合是资源整合策略的重要组成部分。确保不同设备和操作系统之间的兼容性，使得学生无论使用何种设备，都可以顺畅地访问和使用教学资源。这种整合不仅提高了资源的可用性，也使得教学活动更加灵活和多样化。

利用云存储技术，可以实现教学资源的集中管理与共享。这种技术使得教师能够在一个平台上管理所有的教学资料，学生也可以随时随地访问这些资源，从而提高了资源的可访问性。云存储的应用不仅简化了资源的管理流程，还促进了资源的共享与协作，为教师之间的交流与合作提供了便利。同时，云存储技术还保障了资源的安全性和稳定性，避免了因设备故障或数据丢失而导致的教学资源损失。

建立多媒体资源的版本管理机制，是确保资源更新及时性的重要措施。在快速变化的知识环境中，教学资源需要不断更新以反映最新的行业动态和技术发展。版本管理机制可以帮助教师跟踪资源的更新历史，确保使用的资源是最新版本，从而保证教学内容的时效性和准确性。此外，这种机制还可以帮助教师更好地组织和管理资源，减少重复劳动，提高教学效率。

设计多媒体教学活动的反馈机制，是促进师生之间互动的重要方式。通过反馈机制，教师可以及时了解学生对教学资源的使用情况和效果，并根据反馈信息对资源进行持续改进。这种机制不仅增强了教学的互动性，也提高了学生的参与感和学习积极性。同时，反馈机制还可以帮助教师调整教学策略，优化教学内容，以更好地满足学生的学习需求和提高教学效果。

二、多媒体教学在课堂互动中的应用

（一）互动工具选择

在会计信息化教学中，选择合适的互动工具至关重要。互动工具的选择不仅影响课堂的氛围，还直接关系到教学效果。首先，实时投票工具的选择与使用可以显著促进学生的参与和反馈。通过实时投票，教师能够迅速了解学生对某一问题的理解程度，并根据反馈调整教学策略。这种互动方式不仅提高了学生的参与度，还增强了课堂的动态性。其次，在线讨论平台的搭建为师生之间的互动交流提供了一个便捷的渠道。通过在线平台，学生可以在课后继续讨论课堂上未解决的问题，教师也可以在平台上发布补充材料和指导意见，从而延续课堂的学习氛围。

互动式白板的应用则为学生提供了一个协作与创作的平台。在会计信息化教学中，学生可以利用互动式白板进行团队合作，绘制思维导图或进行案例分析。这种工具不仅促进了学生之间的合作，还提升了他们的创造力和解决问题的能力。此外，虚拟现实技术的引入为学生提供了沉浸式的学习体验。在会计信息化课程中，虚拟现实技术可以模拟真实的会计环境，使学生在虚拟情境中进行实操练习，从而加深对会计流程和信息化工具的理解。

社交媒体工具的利用为课堂讨论的范围与深度提供了新的可能。通过社交媒体，学生可以分享他们的学习心得和见解，教师也可以通过这些平台获取学生的即时反馈和建议。这种互动方式不仅拓展了课堂讨论的空间，还鼓励学生在更广泛的社交网络中进行知识的分享和交流，从而形成一个更加开放和互动的学习社区。

（二）互动环节设计

互动环节设计在会计信息化教学中起着至关重要的作用。通过精心设计的互动环节，教师能够有效地提升学生的学习参与度和课堂活跃度。

设置问题导向的讨论主题是一个重要策略。通过提出与实际会计问题相关的问题，教师可以引导学生进行深入思考，培养他们的分析能力和解决问题的能力。这种方法不仅促进了学生的深度学习，还帮助他们将理论知识应用于实践，提高了学习的实用性和有效性。

为了进一步激发学生的学习兴趣，教师可以在互动环节引入游戏化元素。游戏化设计能够使课堂氛围更加轻松活泼，学生在游戏中不仅能够享受到学习的乐趣，还能够在不知不觉中掌握复杂的会计概念。通过积分、奖励等游戏机制，学生的参与度和积极性得到了显著提高。这种教学策略不仅能吸引学生的注意力，还能增强他们的竞争意识和团队合作精神，为会计信息化教学注入新的活力。

结合多媒体技术，设计实时反馈机制也是互动环节设计中的一个关键部分。通过多媒体工具，教师可以即时收集学生的学习反馈，并根据反馈调整教学策略。这种实时的反馈机制不仅帮助学生了解自己的学习进度和不足，还使教师能够及时提供针对性的指导和建议。通过即时的评估和反馈，学生能够在学习过程中进行自我反思和调整，从而提高学习效果和自信心。

创建跨学科的互动环节是提升学生综合能力的一种有效手段。通过将会计知识与其他学科相结合，学生能够在多元化的背景下拓展思维和应用能力。跨学科的互动环节鼓励学生从不同的视角审视会计问题，培养他们的创新思维和综合分析能力。这种教学方法不仅丰富了学生的知识结构，还提高了他们在复杂环境中应用会计知识的能力，为未来的职业发展打下坚实的基础。

（三）互动效果分析

多媒体教学在课堂互动中的应用，通过丰富的互动形式，有助于提高教学效果。在分析互动效果时，需关注互动环节对学生学习动机的激发。多媒体技术通过视觉、听觉等多感官刺激，吸引学生注意力，激发其学习兴趣。研究表明，互动教学能够有效提高学生的参与度，使其在学习过程中更加主动，增强其对会计信息化知识的掌握。此外，互动环节的设计应考虑学生的需求和兴趣，以便在教学中取得更佳效果。

实时反馈机制在互动教学中扮演着重要角色，对学生学习成效有显著影响。通过多媒体技术，教师可以在课堂上及时获得学生的反馈信息，从而调整教学内容和节奏，满足不同学生的学习需求。这种即时反馈不仅有助于纠正学生的错误理解，还能巩固其知识点的掌握，提高学习效率。通过反馈机制，学生能够更好地理解会计信息化课程的复杂概念，增强其学习的信心和成就感。

跨学科互动是提升学生综合应用能力的重要策略。在会计信息化教学中，跨学科互动可以帮助学生将所学知识应用于实际问题的解决中，培养其综合分析能力。多媒体教学为跨学科互动提供了便利，通过整合不同学科的知识，学生可以在互动过程中提升其批判性思维和创新能力。这种教学方式不仅拓宽了学生的知识面，还增强了其在多变环境中的适应能力，为未来职业发展打下坚实的基础。

游戏化元素的引入对改善课堂氛围具有积极作用。在会计信息化教学中，适当的游戏化元素能够缓解学生的学习压力，激发其参与兴趣。通过多媒体技术，教师可以设计各种互动游戏，使学生在轻松愉快的氛围中学习复杂的会计信息化知识。这种方式不仅提高了学生的学习动机，还促进了课堂的活跃度，使教学过程更具吸引力和趣味性。

互动工具的使用频率与学生参与度之间存在密切关系。研究显示，频繁使用互动工具能够提高学生的参与度，使其在课堂上更加积极主动。多媒体教学为教师提供了多种互动工具，如在线讨论、实时投票等，这些工具的有效使用可以调动学生的学习积极性，增强其对课程内容的理解和记忆。

三、多媒体技术在会计案例教学中的应用

（一）案例选择标准

在会计信息化教学中，案例教学法是一种能够有效提升学生实践能力和理解能力的教学策略。多媒体技术的引入，为案例教学提供了更加丰富和生动的表现形式。然而，选择合适的案例是成功实施多媒体案例教学的关键。案例选择标准不仅决定了教学效果，还影响了学生的学习兴趣和参与度。选择的案例应当具备代表性和典型性，能够反映出会计信息化过程中的核心问题和解决方案。

案例的时效性是一个重要的考量因素，选用的案例应当与当前的会计信息化发展趋势相符，以便学生能够将所学知识应用于现实问题。案例的复杂性和难度也需要与学生的知识水平和学习阶段相匹配，确保学生在理解和分析案例时不会感到过于困难或者过于简单。通过精心选择符合这些标准的案例，教师可以有效利用多媒体技术，将抽象的会计信息化概念转化为具体的实践情境，提高学生的学习效果。

（二）案例展示方法

案例展示方法在会计信息化教学中扮演着至关重要的角色。通过多媒体技术，教师可以更直观地展示复杂的会计案例，将抽象的理论知识转化为具体的实践情境。这种方法不仅能够提高学生的理解能力，还能增强他们的实践技能。在展示过程中，教师可以利用视频、动画和图表等多种形式，生动地再现案例背景和过程，使学生更容易掌握案例中的关键要素。此外，多媒体技术的应用使得案例分析不再局限于传统的文本和口头讲解，学生可以通过视觉和听觉的多重感官刺激，提高学习的兴趣和效率。

多媒体技术在案例展示中的应用为学生提供了更多的互动机会。在传统的教学模式中，案例展示往往是单向的信息传递，学生的参与度较低。然而，借

助多媒体技术，教师可以设计互动式的案例展示环节，如通过模拟软件让学生参与案例决策过程，或通过在线平台进行案例讨论。这种互动式的学习方式不仅可以激发学生的学习热情，还能培养他们的批判性思维和团队合作能力。此外，多媒体技术还可以实现案例的动态更新，使教学内容与时俱进，保持与实际会计环境的高度一致。

尽管多媒体技术在案例展示中具有诸多优势，但其应用也面临一些挑战。首先，教师需要具备较高的技术水平，以有效整合多媒体资源和教学内容。这要求教师不断更新自身的技术技能，并熟悉各种多媒体工具的使用方法。其次，案例展示方法的设计需要考虑到学生的多样化需求，不同学生的学习风格和接受能力各异，教师需要灵活调整展示方式，以确保每位学生都能从中受益。最后，过于依赖多媒体技术可能导致学生忽视基础理论的学习，因此，在应用多媒体技术时，教师应保持理论与实践的平衡，确保学生在掌握应用技能的同时，具备扎实的理论基础。

（三）案例分析技巧

案例分析技巧在会计信息化教学中扮演着重要角色。多媒体技术的应用为案例分析提供了丰富的资源和工具，使得学生能够更深入地理解复杂的会计概念。在教学过程中，利用多媒体技术展示案例的背景、数据和情境，有助于学生更好地掌握分析技巧。这种直观的展示方式不仅提高了学生的学习兴趣，还增强了他们对案例的感知能力。通过多媒体技术，教师可以动态地展示财务报表的变化、模拟企业经营环境，帮助学生在真实情境中练习分析和决策能力。这种教学方式有效地弥补了传统教学中案例分析的不足，使学生在学习过程中能够更好地将理论知识与实际应用相结合。

结合实际问题，设计开放性问题是提升学生批判性思维能力的重要策略。在会计信息化教学中，教师可以利用多媒体技术设计真实的商业情境，提出开放性问题，鼓励学生从多角度思考并提出解决方案。例如，通过模拟企业的财务危机，学生需要分析财务报表、评估风险，并提出可行的解决方案。在这一过程中，学生不仅需要运用所学的会计知识，还需结合经济、管理等多学科的知识进行综合分析。这种教学策略不仅提高了学生的综合素质，还培养了他们在复杂环境中的决策能力和创新思维能力。开放性问题的设计，使学生在解决问题的过程中不断挑战自我，提升批判性思维能力。

在多媒体技术支持下，案例分析的教学效果得到了显著提升。教师可以通过视频、动画等多种形式展示案例的动态发展，帮助学生更好地理解复杂的会计情境。这种多感官的学习方式激发了学生的学习兴趣，增强了他们的参与感。同时，结合开放性问题的设计，学生在案例分析中不仅需要分析问题，还需提出创新的解决方案。这种教学方法促进了学生的批判性思维和创造力的培养，使他们在面对复杂的会计问题时，能够从容应对，提出切实可行的解决方案。

四、多媒体教学效果的评估与反馈

（一）评估指标设定

在会计信息化教学中，多媒体教学效果的评估是确保教学质量的重要环节。评估指标的设定需要全面考虑多媒体教学的各个方面，包括教学内容的呈现、学生的学习效果以及师生互动等。设定科学合理的评估指标，有助于全面了解多媒体教学的实际效果，从而为教学方法的改进提供依据。具体的评估指标可以从教学内容的准确性、资源的丰富性、技术的适用性，以及教学过程中学生的反应和反馈等方面进行设定。这些指标不仅能够为教师提供详细的教学反馈，还能为后续的教学策略调整提供数据支持。

学生对多媒体教学资源的满意度是评估多媒体教学效果的重要维度之一。满意度调查可以通过问卷、访谈等形式进行，调查内容应包括学生对教学资源的实用性、易用性、趣味性以及与课程内容的契合程度等方面的评价。高满意度通常意味着教学资源能够有效激发学生的学习兴趣和积极性，从而促进学生更深入地参与到学习过程中。通过对满意度调查结果的分析，教师可以识别出多媒体教学中的优势和不足之处，为后续的资源开发和教学设计提供参考。

学生在多媒体教学中的参与度和表现是衡量教学效果的重要指标。通过观察和记录学生在互动环节中的参与情况，可以评估多媒体教学对学生主动学习的激励作用。参与度评估可以从学生在课堂讨论、问题回答、在线互动等环节的积极性、频率和质量等方面进行考察。表现评估则关注学生在这些环节中展示出的理解能力、表达能力和合作能力。高参与度和良好表现通常表明多媒体教学能够有效促进学生的深度学习和能力发展。

测量多媒体教学对学生知识掌握程度的影响是评估教学效果的核心内容之一。通过设计科学的测试题目和评估标准，可以客观地反映学生在多媒体教学环境下的知识掌握情况。测量方法包括定期的课堂测验、阶段性考试、实践操作考核等。分析这些测量结果，可以揭示多媒体教学在知识传递和理解方面的有效性，为教师优化教学内容和方法提供依据。同时，这些数据也为评价教学资源的适用性和教学策略的合理性提供了重要参考。

批判性思维能力是现代教育的重要培养目标，多媒体教学在这方面的效果评估尤为重要。评估可以通过设计特定的思维训练任务、案例分析活动，以及开放性问题讨论等方式进行。通过观察和记录学生在这些活动中的表现，教师可以评估多媒体教学在促进学生批判性思维能力发展方面的成效。评估结果能够帮助教师了解多媒体教学在激发学生思维深度和广度方面的贡献，并为教学策略的进一步优化提供指导。

（二）学生反馈收集

在会计信息化教学中，学生反馈收集是评估多媒体教学效果的重要环节。通过设计问卷调查，教师可以系统地收集学生对多媒体教学资源的具体意见与建议。这些问卷应涵盖教学内容的难易程度、教学资源的丰富性以及资源对学习过程的辅助作用等方面。问卷调查的结果能够为教师提供关于教学资源优化的方向性指导，从而提升教学的针对性与有效性。

为了更深入地了解学生对课堂互动环节的看法与体验，组织小组讨论是一个有效的方法。在小组讨论中，学生可以自由地分享他们在多媒体教学环境下的学习体验，包括课堂互动的积极性、参与度以及对知识点的掌握情况。通过这种方式，教师能够获得关于教学方法改进的第一手资料，并根据学生的反馈调整课堂互动的设计，以提高教学效果和学生的学习积极性。

开展一对一访谈是获取学生对多媒体技术在学习中应用的真实反馈的一种重要方式。通过面对面的交流，教师可以更深入地了解学生在学习过程中遇到的具体困难和挑战，以及他们对多媒体教学的个性化需求。这种交流不仅有助于教师调整教学策略，还能增强师生之间的沟通与信任，从而营造一个更加开放和支持的学习环境。

利用在线平台设置匿名反馈机制，能够鼓励学生自由表达对教学效果的评价。匿名反馈机制能够消除学生在表达意见时的顾虑，使其更加真实地反映他们的学习体验与建议。通过在线平台，教师可以及时收集和分析学生的反馈信息，并根据这些信息进行教学调整，以便更好地满足学生的学习需求。

（三）反馈结果应用

在会计信息化教学中，反馈结果的应用是提高教学质量的关键环节。通过对学生反馈的深入分析，教师可以根据实际需求调整多媒体教学资源的内容和形式，以便更好地满足学生的学习需求。尤其在会计信息化这样一个复杂的领域，教学资源的灵活调整不仅可以使教学内容更加贴合实际，还可以帮助学生更好地理解和应用所学知识。

学生的建议是优化课堂互动设计的重要来源。通过有效的反馈机制，教师可以识别出课堂互动中的不足，并进行有针对性的改进。这种优化不仅增强了学生的参与感，也显著提高了学习效果。在会计信息化教学中，互动设计的优化可以通过增加案例分析、情景模拟等多种形式来实现，从而使学生能够在实践中巩固理论知识。

反馈结果的分析可以为教学策略的改进提供科学依据。教师可以通过对反馈数据的研究，识别出教学中的薄弱环节，并加以改进。这不仅有助于提升教师的教学能力，还能促进其专业发展。在不断变化的会计信息化环境中，教师需要具备动态调整教学策略的能力，以应对新兴技术和教学方法的挑战。

为了确保教学内容与方法的动态更新与适应性，建立持续的反馈机制是必不可少的。这种机制可以使教师及时获取学生的学习体验和意见，从而在教学过程中进行快速调整。通过这种持续的反馈循环，教学过程能够保持良好的适应性和灵活性，确保教学目标的实现。

第二节　网络教学平台在会计信息化教学中的应用

一、网络教学平台的功能与特点

（一）实时互动功能

实时互动功能在会计信息化教学中具有重要的作用，它支持学生在课堂上即时提问，显著提升了学习的主动性和参与感。这一功能使学生能够在学习过程中随时表达疑问和见解，促进了他们对知识的深入理解。通过实时互动，学生不再是被动的知识接受者，而是成为课堂活动的积极参与者。这种互动不仅增强了学生的学习兴趣，还能激发他们的思考能力和创新精神，为他们未来的专业发展奠定了坚实的基础。

通过实时互动工具，教师可以快速收集学生的反馈信息，从而及时调整教学策略以更好地满足学生的需求。这种灵活性使得教学过程更加动态和个性化，教师能够根据学生的反馈调整课程内容和教学方法，确保每个学生都能跟上教学进度。这种基于反馈的教学策略，不仅提高了教学效率，还增强了学生的学习体验，使得教学过程更加贴合学生的实际需求。

在线讨论区的实时互动功能促进了学生之间的交流与合作，增强了学习社区的形成。在这种互动环境中，学生可以分享学习资源、讨论学习问题，甚至共同解决复杂的会计信息化问题。这种合作学习的方式，不仅提高了学生的团队合作能力，还培养了他们的沟通技巧和协作精神，为他们在未来职场中的团队合作打下了良好的基础。

实时互动功能使得教师能够及时识别学生在学习过程中的理解困难，并提供个性化的指导和支持。通过实时的反馈和互动，教师可以更准确地把握学生的学习状态，针对性地提供帮助和建议。这种个性化的教学支持，有助于提高学生的学习效果，帮助他们克服学习中的难点和障碍，从而实现更好的学习成果。

（二）多媒体支持

多媒体支持在会计信息化教学中的作用不可忽视。通过多媒体技术，教学内容的呈现方式得到了显著提升。丰富的视觉和听觉刺激不仅能吸引学生的注意力，还能帮助他们更好地理解复杂的会计概念。比如，通过视频讲解和动画演示，学生可以直观地看到会计流程的运作方式，这种多感官的学习体验有助于加深对知识的理解和记忆。

多媒体支持通过动画和图表等形式，将抽象的会计数据和流程具体化。动画可以动态展示会计交易的全过程，而图表则能够清晰地呈现财务数据的变化趋势。这种可视化的教学方式，不仅提升了学生的学习兴趣，还增加了他们的课堂参与度。学生在互动中更容易发现问题，并通过教师的指导进行深入探讨，从而提高学习效果。

多媒体支持还具有灵活性，能够实现教学内容的动态调整。教师可以根据课堂反馈和学生的学习进度，及时更新和优化教学材料。这种灵活的教学策略，使得教学过程更加贴近学生的实际需求，确保每个学生都能在适合自己的节奏中学习。通过多媒体技术，教师还可以实施个性化教学，为不同学习水平的学生提供定制化的学习资源。

多媒体支持促进了教学资源的多样化。教师可以结合视频、音频和互动课件等多种形式，设计出丰富多彩的教学活动。这种多样化的教学资源不仅能够满足不同学生的学习需求，还能激发他们的学习动机。通过案例分析和模拟实验等方式，学生能够在实践中运用所学知识，提升解决实际问题的能力。

（三）数据分析能力

在会计信息化教学中，网络教学平台的功能与特点中，数据分析能力扮演着至关重要的角色。数据分析能力不是对数据的简单处理，而是通过深度挖掘和分析，帮助教师实时监控学生的学习进展。这种能力使教师能够识别学生在学习过程中遇到的问题与障碍，从而提供及时的指导与支持。通过对大量学习数据的分析，教师可以清晰地掌握每位学生的学习动态，确保教学过程的针对性与有效性。

在个性化教学方案的制订中，数据分析能力显得尤为重要。教师可以利用分析结果，针对不同学生的学习需求和能力水平，量身定制个性化的教学方案。这种个性化的教育方法，不仅提高了学生的学习效率，也增强了他们对学习内容的理解和掌握。同时，数据分析能力还支持对教学效果的全面评估，帮助教师了解哪些教学方法和资源最为有效。这种评估不仅为教师提供了改进教学策略的依据，也为学校的整体教学质量提升提供了数据支持。

数据分析能力还可以跟踪学生在不同学习模块中的表现，帮助教师及时调整课程内容与难度。这种动态调整能力，确保了课程内容的适应性与挑战性，使学生能够在适合自己的学习节奏中不断进步。通过这种方式，教师能够更好地满足学生的个性化学习需求，提升整体教学效果。数据分析能力在教学决策中的应用，使得教学过程更加科学化和数据驱动化，有效提升了教学质量与效果。

二、网络教学平台的课程设计与开发

（一）课程模块化设计

课程模块化设计在会计信息化教学中扮演着至关重要的角色。通过将课程内容分解为若干独立且相互关联的模块，能够更好地满足不同学生的需求。每个模块都需具备明确的学习目标和成果，这不仅有助于学生在学习过程中明确自身的学习方向，还能为教师的教学设计提供清晰的框架。模块化设计的基本原则在于确保课程内容的系统性与连贯性。通过精心设计，使得不同模块之间的知识点能够有效衔接与整合，形成一个完整的知识体系，帮助学生更好地理解和掌握会计信息化的核心内容。

模块内容的系统性与连贯性是课程模块化设计的核心。为了保证这一点，教师需要在设计过程中充分考虑各个模块之间的逻辑关系和知识点的前后顺序。这样不仅能够确保学生在学习过程中循序渐进地掌握知识，还能通过模块之间的联系帮助学生建立知识的整体观念。此外，模块化设计还需要关注针对不同学生需求的多样化设计。通过提供多种形式的学习模块，如视频、文字材料、互动练习等，可以适应不同学习风格与节奏的学生，提高学习的参与度和效果。

模块评估机制的建立是课程模块化设计中不可或缺的部分。通过科学合理的评估机制，教师可以有效地测量和反馈每个模块的学习效果。这不仅有助于学生了解自身的学习进展和不足，也为教师提供了重要的教学反馈信息，以便及时调整教学策略和方法。模块评估可以采用多种形式，如测试、作业、项目报告等，确保评估的全面性和客观性。此外，利用技术工具支持模块化设计是提升课程灵活性与可定制性的重要手段。现代技术工具的应用，如学习管理系统、在线测评工具等，可以帮助教师更方便地进行模块化课程的设计、实施和管理，提高教学的效率和效果。

（二）学习路径规划

在会计信息化教学中，网络教学平台的课程设计与开发是实现高效教学目标的关键。学习路径规划作为其中的重要环节，旨在为学生提供清晰且可操作的学习路线。学习路径规划的基本原则是确保每个学习阶段的目标明确且可测量。这不仅有助于教师在设计课程时保持教学目标的一致性，还能帮助学生在学习过程中明确自己的学习方向和任务。通过设定具体的阶段性目标，学生能够在学习过程中不断评估自己的进步情况，从而增强学习的成就感和动力。

在设计学习路径时，考虑学生的学习能力和背景是至关重要的。这种个性化的学习路径设计能够满足不同学生的需求，使得教学更加具有针对性和有效性。会计信息化教学需要面对的是一群背景多样的学生，他们在知识基础、学习习惯和能力上各不相同。因此，课程设计者应根据学生的特点，灵活调整教学内容和难度，以便每位学生都能在适合自己的节奏中学习。通过这种定制化的学习路径，学生能够在学习过程中获得更好的支持和指导。

结合多媒体资源，课程设计者可以制定灵活的学习节奏，使学生能够自主选择学习进度和内容。多媒体资源的运用不仅丰富了教学内容的呈现形式，还为学生提供了多样化的学习体验。在会计信息化教学中，利用视频、音频、互动式练习等多种形式的资源，可以帮助学生更好地理解和掌握复杂的会计信息化知识。灵活的学习节奏允许学生根据自己的时间安排和学习习惯，选择合适的学习内容和进度，从而提高学习的自主性和效果。

建立学习反馈机制是优化学习路径的关键。通过及时收集和分析学生的学习反馈，教师可以对学习路径进行适时调整，以适应学生的学习情况和反馈。这种动态调整机制不仅有助于解决学生在学习过程中遇到的困难，还能不断优化课程设计，提高整体教学质量。在会计信息化教学中，及时的反馈机制可以帮助学生更快地解决问题，增强学习的连贯性和有效性。

（三）资源整合与利用

在会计信息化教学中，资源整合与利用是提高教学效果的关键环节。通过有效整合多媒体教学资源，建立统一的资源库，教师和学生能够方便地访问和使用各种教学材料。这不仅有助于提高教学效率，还能丰富教学内容，使其更加生动和直观。多媒体资源的整合需要充分考虑资源的多样性和适用性，以支持不同教学目标和学习风格的实现。通过这种方式，教师可以根据教学需求选择最合适的资源，学生也能在自主学习中获得更丰富的学习体验。

云计算技术的应用为教学资源的共享与协作提供了广阔的空间。通过云平台，教师可以方便地共享教学资源，实现跨地域的资源交流与共同开发。这种协作模式不仅能提高资源的利用率，还能激发教师的创新能力，推动教学内容的不断更新。在此过程中，教师之间的互动与合作成为推动教学资源优化的重要动力。资源共享的同时，也要注重保护知识产权，确保资源的合法使用。

为了确保教学资源的有效性与适用性，制定资源使用规范是必要的。规范的制定不仅能提高资源的使用效率，还能确保教学活动的整体质量。通过明确资源的使用标准和流程，教师可以更好地规划教学活动，避免资源的浪费和重复使用。同时，资源使用规范也为学生提供了明确的学习指引，帮助他们在学习过程中更有针对性地选择和使用资源。

定期的资源评估与更新机制是保持教学资源现代性的重要手段。随着行业发展和学科前沿的不断变化，教学资源需要及时进行评估和更新，以保持其与时俱进。这一机制不仅能确保教学内容的前沿性，还能提高学生的学习兴趣和积极性。在资源评估过程中，教师应结合行业趋势和学生反馈，动态调整资源配置，以确保教学内容的实用性和创新性。

三、网络教学平台的教学互动与反馈机制

（一）互动工具应用

互动工具在会计信息化教学中的应用为课堂增添了许多活力和创新。实时问答工具的引入是一个显著的例子，它不仅能够激励学生在课堂上积极提问，还能增强他们的学习主动性。通过这种工具，教师可以实时了解学生的疑问和困惑，并给予及时的反馈。这种即时互动的方式打破了传统课堂中教师单向传授知识的局限，使得教学过程更加动态和灵活。此外，这种工具的使用也有助于培养学生的批判性思维能力，因为他们需要在课堂上快速反应并提出有意义的问题。

在线讨论平台的使用是促进学生之间思想交流的有效手段。它为学生提供了一个开放的空间，可以自由表达自己的观点和见解。这种平台不仅提升了学生的沟通能力和团队合作能力，还鼓励他们在讨论中深入思考和分析问题。在会计信息化教学中，学生需要掌握复杂的信息系统和技术，在线讨论可以帮助他们通过交流和分享来加深对这些内容的理解。同时，教师可以通过观察学生的讨论，了解他们的学习进度和理解程度，从而调整教学策略。

互动式白板的引入为课堂协作提供了新的可能性。学生可以在白板上进行实时的协作，分享他们的想法和解决方案。这种互动方式不仅提升了学生的参与感，还促进了他们的创造力和问题解决能力。在会计信息化教学中，许多知识点需要通过实践来理解，互动式白板为学生提供了一个实践的平台，使他们能够在动手操作中加深对知识的掌握。此外，互动工具的应用还鼓励学生在课堂上积极参与讨论和合作，提高了整体的学习效果。

虚拟小组活动的设计是远程教学中不可或缺的一部分。通过这种方式，学生可以在不同的地理位置共同参与学习任务，解决实际问题。这种活动不仅提升了学生的学习效果，还培养了他们的团队合作精神和领导能力。在会计信息化教学中，许多项目需要团队合作来完成，虚拟小组活动为学生提供了一个模

拟真实工作环境的机会，使他们在实践中锻炼自己的能力。同时，这种活动也为教师提供了一个观察学生合作能力的机会。

（二）反馈机制设计

在会计信息化教学中，反馈机制设计是提高教学质量的重要环节。设计多层次的反馈机制，确保学生在不同学习阶段都能获得及时的评估与指导，是当前教学改革的核心任务之一。通过这种机制，学生不仅能够及时了解自己的学习进展，还能获得针对性的指导意见，帮助他们在学习过程中不断改进。在会计信息化的教学环境中，反馈机制的设计需要考虑到学生的多样性和个体差异，以便为每位学生提供更为个性化的学习支持。

利用在线调查工具定期收集学生对课程内容和教学方法的反馈，是反馈机制设计中的一个重要组成部分。通过这些工具，教师可以快速了解学生对当前教学内容的理解程度和接受度，从而进行针对性的调整。这种方法不仅提高了教学的灵活性，还能确保教学内容的时效性和实用性。在会计信息化的教学中，课程内容常常需要根据最新的行业动态进行更新，因此，及时的反馈能够帮助教师更好地把握教学的方向和重点。

建立教师与学生之间的定期沟通渠道，是增强教学互动的有效手段之一。鼓励学生主动提出问题和建议，不仅能激发他们的学习积极性，还能帮助教师更好地了解学生的学习需求和困难。在网络教学平台上，教师可以通过论坛、聊天工具等方式与学生进行实时交流，及时解答学生的疑问，提供学习支持。这种互动方式不仅加深了师生之间的联系，还能营造出一种开放、包容的学习氛围，促进学生的自主学习能力。

实施匿名反馈机制，保护学生隐私，是鼓励学生真实表达对教学的看法与感受的有效策略。在会计信息化教学中，学生可能会因为担心评价对自身产生负面影响而不愿意表达真实想法。匿名反馈机制的引入，可以有效消除这种顾虑，帮助教师获取更为真实、全面的教学反馈。这种机制不仅有助于教师了解教学中的不足，还能为教学改进提供宝贵的参考意见。

（三）学习进度跟踪

在会计信息化教学中，学习进度跟踪是确保教学效果的重要手段。网络教学平台通过建立学习进度监控系统，可以实时追踪学生在各个学习模块中的表现和参与情况。这种系统化的监控不仅能够帮助教师掌握班级整体的学习动态，还可以针对个别学生的学习进程进行深入分析。通过对学习数据的实时收集，教师能够及时发现学生在学习过程中的困难和问题，以便进行有针对性的指导和调整。

数据分析工具的使用在学习进度跟踪中发挥着关键作用。通过定期生成学习报告，教师可以识别出学生的学习困难和知识盲点。这些报告提供了深入的分析，帮助教师了解学生对不同知识点的掌握程度，并在此基础上调整教学策略。利用数据分析，教师还可以预测学生可能面临的学习障碍，从而提前采取干预措施，确保学生在学习过程中能够顺利前进。

为了促进学生的自主学习，网络教学平台设置了学习里程碑。学生在完成特定学习目标后，可以进行自我评估和反思。这种方式不仅激励学生积极参与学习，还帮助他们培养自我管理能力和反思能力。通过明确的学习目标和阶段性评估，学生能够更清晰地了解自己的学习进展，并在此过程中不断调整自己的学习策略，以实现更好的学习效果。

个性化指导是学习进度跟踪的重要组成部分。基于学习进度数据，教师可以为每位学生制定有针对性的学习建议和改进措施。这种个性化的指导能够有效提升学生的学习积极性和学习效果。教师通过分析学生的学习数据，识别出每位学生在学习中的优势和不足，从而提供量身定制的学习方案，帮助学生在学习中取得更大的进步。

四、网络教学平台的资源管理与共享

（一）资源分类与存储

资源管理在网络教学平台中扮演着至关重要的角色。有效的资源分类与存储不仅能够提高教学的效率，还能为教师和学生提供便捷的学习体验。资源分类标准的制定是实现这一目标的基础。在会计信息化教学中，资源可以根据内容、类型、使用频率等进行分类。这些分类标准确保了不同类型资源的有效管理与使用，使得教师在备课时能够快速找到所需的资料，学生在学习时能够轻松获取相关的学习材料。

建立统一的存储系统是资源管理的一个关键环节。一个高效的存储系统应当支持快速访问和检索各类教学资源，确保用户能够在最短的时间内找到所需的内容。在会计信息化教学中，这意味着教师和学生可以随时访问最新的教材、案例分析和其他学习资料。这样的存储系统不仅提高了教学效率，还为资源的长期保存和使用提供了保障。

为了确保教学材料的时效性与准确性，制定资源更新和维护的流程是必不可少的。教学资源需要定期更新，以反映最新的会计法规、技术发展和教学需求。通过制定明确的更新和维护流程，教师能够及时更新教学内容，学生也能够接触到最新的学习资源。这种动态的资源管理方式不仅提升了教学质量，还增强了教学内容的现实性和实用性。

实现资源的标签化管理是提高资源检索效率的重要手段。通过为每种资源添加关键词标签，教师和学生可以根据关键词快速找到所需的内容。这种管理方式不仅简化了资源的查找过程，还促进了资源的系统化管理。在会计信息化教学中，标签化管理使得复杂的教学资源变得更加易于使用和理解。

（二）共享权限设置

在会计信息化教学中，网络教学平台的资源管理与共享是一个关键环节。共享权限设置是确保信息安全与资源有效利用的核心措施。通过根据用户角色设置不同的访问权限，可以确保教师、学生和管理人员在资源使用中的安全性和有效性。教师可以访问和使用教学资源，学生可以根据课程需求获取相应的学习材料，而管理人员则负责后台的整体协调与维护。这样的权限设置不仅保护了教学资源的安全性，还提高了资源利用的效率。

为了维护资源的质量与完整性，建立资源共享的审批流程是必不可少的。只有经过授权的用户才能上传和修改教学资源，这样可以确保资源的可靠性和准确性。审批流程的建立不仅是对资源的把控，更是对教学质量的保障。通过严格的审核机制，能有效防止不当或错误的信息进入教学系统，从而维护教学资源的高标准。

设计灵活的权限管理系统是促进个性化教学实施的重要手段。教师可以根据课程需求调整资源的共享范围，使得教学更加灵活和多样化。这样的系统设计使教师能够在教学过程中动态调整资源的使用，满足不同学生的学习需求，促进个性化教学的发展。这种灵活性不仅提高了教学的针对性，也增强了学生的学习体验。

（三）资源更新与维护

在会计信息化教学中，资源的更新与维护是确保教学质量和效果的重要环节。网络教学平台作为现代教学的重要工具，必须具备动态更新和维护的能力，以适应不断变化的行业标准和课程目标。建立定期审查机制是资源更新与维护的基础，通过这一机制，可以确保教学资源的内容始终与最新的行业标准保持一致。这不仅有助于学生掌握最新的会计信息化知识，也能帮助教师及时调整教学策略，以更好地实现课程目标。

反馈收集系统的利用在资源更新中同样不可或缺。通过收集教师和学生对教学资源的使用体验，教学管理者可以获得第一手的信息，指导后续资源的更新。反馈系统不仅能够识别资源中的不足，还能为资源的改进提供具体的建议，从而使资源更贴合教学实际需求，提高教学效果。同时，定期的反馈收集也能促进师生之间的互动，使资源更新成为一个动态的、双向的过程。

在资源的更新与维护过程中，实施版本控制系统至关重要。版本控制系统能够记录资源的修改历史，这对于追踪变更和恢复至先前版本尤为重要。通过这一系统，教学资源的每一次更新都被详细记录，确保在出现问题时可以迅速返回之前的版本。这不仅提高了资源管理的效率，也为教学资源的长期积累与优化提供了有力保障。

为了确保更新的教学资源能够达到预期的质量和可靠性，引入专家评审流程是必不可少的。通过专业人士的审核，教学资源不仅在内容上更具权威性，还能有效避免可能存在的错误与偏差。专家评审流程能够为教学资源提供一个高质量的保障机制，使得更新后的资源更具实用性和科学性，进一步提升教学的整体水平。

第三节　移动学习在会计信息化教学中的应用

一、移动学习平台的选择与应用

（一）平台选择标准

在会计信息化教学中，选择合适的移动学习平台至关重要。平台选择标准的制定需要考虑多方面因素，以确保平台能够有效支持教学目标的实现。首先，平台的用户友好性是关键因素之一。一个用户友好的平台能够使学生轻松上手，减少技术障碍，从而提升整体学习体验。学生在使用过程中应能直观地找到所需的学习资源和功能，避免因操作复杂而影响学习效率。

平台的多媒体支持能力是选择的重要标准。在现代教学中，视频、音频和互动内容已成为不可或缺的部分。一个优秀的平台应能无缝支持这些多媒体内容的展示，帮助学生更好地理解会计信息化的复杂概念。同时，多媒体的应用还能够激发学生的学习兴趣，增强教学内容的吸引力。

平台的互动功能不可忽视。包括实时讨论区和反馈机制在内的互动功能，可以显著增强师生之间的互动。通过这些功能，教师能够及时了解学生的学习进度和困难，提供有针对性的指导和支持。同时，学生也能通过互动功能与同学交流，分享学习经验和心得，形成良好的学习氛围。

平台的技术支持与维护服务是考虑的重点。教学过程中难免会遇到技术问题，快速有效的技术支持对于保障教学活动的顺利进行至关重要。平台提供的技术支持应包括全天候的服务响应，确保任何技术问题都能在第一时间得到解决，避免对教学进度造成不利影响。

（二）平台功能分析

在当今信息时代，移动学习平台在会计信息化教学中的应用日益普及。平台功能的分析是选择合适的移动学习工具的关键。移动学习平台应具备灵活的学习路径设计，以满足学生个性化学习的需求。通过允许学生根据个人需求和进度自定义学习内容和顺序，平台能够促进学生的自主性和积极性。这种灵活性不仅提高了学习的效率，还能帮助学生更好地掌握复杂的会计信息化知识。

移动学习平台需要支持多种类型的学习资源，包括视频、音频、文本和互动课件。这种多样化的资源形式能够满足不同学生的偏好和需求，增强学习的吸引力和效果。通过多感官的刺激，学生可以更深入地理解会计信息化的概念和应用，提升学习的深度和广度。

实时反馈功能是移动学习平台的核心之一。在学习过程中，学生能够即时获得评估和建议，这对于促进学习效果的提升至关重要。实时反馈不仅能帮助学生及时纠正错误，还能增强他们的学习信心和动力。通过这样的即时互动，学生能够更有效地掌握会计信息化的技能和知识。

移动学习平台应提供社交功能，允许学生之间进行讨论、分享和合作。这种互动性不仅增强了学习的社区感，还为学生提供了一个相互学习和支持的环境。通过合作和交流，学生可以更好地理解复杂的会计信息化问题，提升自己的学习体验，巩固学习成果。

移动学习平台应具备数据分析能力，以帮助教师跟踪学生的学习进展。通过分析学习数据，教师能够识别学生的学习障碍，并据此调整教学策略。这种数据驱动的教学方式能够提高教学的针对性和有效性，确保每个学生都能在会计信息化的学习中取得进步。

（三）平台应用案例

在会计信息化教学中，移动学习平台的应用为教学方式带来了显著的变革。移动学习平台的选择与应用案例展示了其在教学中的多重功能和优势。

移动学习平台的一个重要应用是实时财务数据分析。通过这种平台，学生能够使用移动设备随时随地访问最新的财务报表和数据。这种即时访问的能力使学生能够进行即时分析和决策，培养其在真实商业环境中快速反应和决策的能力。这种实践不仅增强了学生对财务数据的敏感性，也提高了他们在动态环境中处理信息的能力。

移动学习平台为教师提供了一种创新的教学方式。教师可以利用平台发布短视频，讲解复杂的会计概念。这种方式不仅使复杂的理论知识变得更容易理解，还帮助学生在课后快速复习和巩固知识。视频教学的灵活性和可重复性，使学生能够根据自己的学习进度进行自主学习。这种教学方式的引入，不仅提高了教学效率，也增强了学生的学习主动性和兴趣。

移动学习平台的社交功能为会计信息化教学增添了新的维度。学生可以在平台上形成学习小组，进行讨论和协作。这种社交学习模式不仅增强了学生对会计知识的理解和应用，还培养了他们的团队协作能力和沟通技巧。在这种环境中，学生能够通过与同伴的互动，分享不同的观点和解决问题的方法，从而加深对课程内容的理解。

通过移动学习平台的在线测验功能，教师能够实时评估学生对课程内容的掌握情况。在线测验为教师提供了即时反馈，使其能够根据学生的学习进展调整教学策略。这种实时评估的机制，不仅帮助教师了解学生的学习状态，也使学生能够及时发现自己的不足，从而进行有针对性的复习和提高。

移动学习平台提供的个性化学习路径是其一大特色。学生可以根据自身需求选择学习模块和进度，这种个性化的学习方式极大地提升了学习的灵活性和自主性。学生能够根据自己的学习风格和节奏，制订适合自己的学习计划，从而提高学习效果。这种个性化的学习体验，不仅满足了不同学生的学习需求，还激发了他们的学习动力和热情。

二、移动学习资源的开发与管理

（一）资源开发原则

在会计信息化教学中，资源开发原则至关重要。资源开发应遵循以学生为中心的原则，确保教学内容与学生的需求和兴趣紧密结合。通过深入分析学生的学习习惯和兴趣点，开发者可以设计出更具吸引力和实用性的学习资源。这不仅有助于提高学生的学习积极性，也能有效提高教学效果。此外，资源开发需注重多样化，结合视频、音频、互动课件等多种形式，以适应不同学习风格的学生。多样化的资源形式不仅能够满足视觉、听觉等不同感官的学习需求，还能通过互动环节增强学生的参与感和动手能力，从而促进深度学习。

在资源开发过程中，内容的准确性与时效性同样不可忽视。会计信息化领域不断发展，行业标准和实践也在持续更新。因此，教学资源必须及时更新，以保持与最新行业标准的一致性。只有这样，才能确保学生所学内容的实用性和前瞻性。此外，资源开发应注重可访问性，确保所有学生能够方便地获取和使用教学资源。特别是随着移动设备的普及，资源开发需考虑不同设备的兼容性，确保无论学生使用何种设备，都能顺利访问和使用学习资源。这不仅是对技术的要求，更是对教育公平的承诺。

资源开发应建立有效的反馈机制，定期收集用户意见，以持续优化和改进教学资源的质量与效果。通过收集和分析学生和教师的反馈，开发者可以识别出资源中的不足，并进行针对性的改进。这一过程不仅有助于提升资源的整体质量，也能促进教学资源的动态更新和迭代。反馈机制的建立，体现了以用户为中心的开发理念，有助于构建更加贴合实际需求的教学环境，最终实现教学效果的最大化。

（二）资源管理策略

在会计信息化教学中，资源管理策略的实施至关重要。这一策略的核心在于建立一个统一的教学资源管理系统，其目的是确保所有教学资源能够集中存储、分类和检索。通过这样的系统，教师和学生可以更高效地访问所需的学习材料，从而提高教学和学习的效率。集中化管理不仅有助于资源的便捷使用，还能防止资源的重复开发和浪费，确保教学资源的合理配置和有效利用。

为了确保教学资源的内容始终与最新的行业标准和教学目标保持一致，制订资源更新与维护的周期性计划是必要的。会计行业的标准和技术不断演变，教学资源也必须随之更新，以便为学生提供最前沿的知识和技能。这不仅能帮助学生更好地适应行业变化，还能提升教学的质量和效果。周期性计划的实施需要明确的时间节点和责任主体，以保证更新工作的持续性和有效性。

资源使用反馈机制的设立是一个关键策略。通过鼓励教师和学生提供对教学资源的使用体验和改进建议，可以不断优化资源的质量。反馈机制不仅能识别资源中的不足，还能激发创新思维，推动资源的不断改进。这种闭环反馈系统有助于形成良好的资源管理生态，使教学资源始终处于动态优化的状态，满足不同教学需求。

资源访问权限管理的实施是为了确保在使用资源时的安全性和有效性。不同用户，如教师、学生和管理人员，在资源使用上有着不同的需求和权限。通过合理的权限管理，可以防止资源的滥用和信息泄露，确保教学活动的顺利进行。权限管理不仅是资源安全的重要保障，也是资源管理系统稳定运行的基础。

（三）资源更新机制

在会计信息化教学中，移动学习资源更新机制是确保教学资源始终保持高效和相关性的关键。资源更新机制不仅是技术上的需求，也是教学质量的保障。制订定期更新计划是这一机制的核心。通过明确的时间节点和更新内容，确保教学资源能够及时反映最新的会计信息化技术和行业标准。这种计划性更新不仅能够提高教学资源的有效性，还能增强学生对最新技术的理解和应用能力。

建立用户反馈机制是资源更新的重要组成部分。通过定期收集教师和学生对教学资源的使用体验，教育机构可以获得第一手的反馈信息。这些反馈不仅有助于识别资源在实际应用中的不足，还能为资源的改进和更新提供切实可行的指导。这种反馈机制不仅提高了资源的适用性，也增强了教师和学生的参与感和责任感。

利用数据分析工具监测资源的使用情况，是提高资源有效性的重要手段。通过对资源使用频率的分析，可以识别哪些资源在教学过程中被低频使用，并根据分析结果进行调整或替换。这种基于数据的决策方式能够确保资源的合理配置和优化，提高教学效果。

在资源更新过程中，实施版本控制系统是确保资源可追溯性的重要措施。版本控制系统记录每次更新的内容和原因，为资源的历史记录管理提供了可靠的依据。这不仅便于教学资源的管理和维护，还为教学资源的长期发展提供了数据支持。

设立专门的资源评估小组，对教学资源的质量与适用性进行定期审查和评估，是保障教学资源符合教学目标的有效途径。评估小组可以通过专业的视角对资源进行全面分析，确保其在内容和形式上都能够满足教学需求。这种专业化的评估机制能够确保教学资源始终处于最佳状态，为会计信息化教学提供坚实的支持。

三、移动学习的教学设计与实施

（一）教学目标设定

在移动学习环境中，教学目标设定是会计信息化教学设计的核心环节。教学目标需要明确会计信息化教学的核心目标，确保学生能够掌握会计信息化的基本概念与理论知识。这一目标的设定不仅是知识传递的过程，也是培养学生批判性思维和解决实际问题能力的基础。通过清晰的教学目标，学生能够在学习过程中有明确的方向感，进而提高学习的主动性和积极性。

为了帮助学生在实践中应用会计信息化工具进行数据分析与决策，教学设计中需设定具体的学习成果。这些成果包括学生能够熟练使用会计软件进行财务数据的处理与分析，或是能够在模拟商业环境中进行有效的决策制定。这种实践导向的学习成果设定，能够有效地提升学生的实操能力，使他们在未来的职业生涯中具备更强的竞争力。

设计针对不同学生的个性化学习目标是移动学习的重要方面。由于学生的学习风格和需求各异，教学目标的设定应考虑到这一多样性。通过个性化的学习目标，教师可以提供更有针对性的学习资源和支持，帮助学生在自己的节奏下掌握会计信息化的相关知识。这种个性化的学习目标不仅能够提高学习效率，还能提升学生的学习体验和满意度。

结合会计行业的最新发展，设定与时俱进的教学目标是提升学生职业竞争力的关键。会计信息化领域发展迅速，新的工具和方法不断涌现。因此，教学目标的设定必须紧跟行业趋势，确保学生所学知识和技能能够在实际工作中得到应用。通过这种与行业发展同步的教学目标设定，学生能够在毕业后迅速适应职场需求，成为行业中的佼佼者。

（二）教学内容组织

在会计信息化教学中，教学内容组织是移动学习设计与实施的核心环节。教学内容的模块化组织是确保学生能够逐步掌握知识体系的关键策略。通过将教学内容划分为不同的模块，每个模块围绕特定主题进行深入探讨，学生可以在循序渐进的学习过程中打下扎实的知识基础。这种模块化的组织方式不仅有助于学生理解复杂的会计信息化概念，还能帮助教师在教学过程中更有针对性地进行指导。此外，模块化的课程结构使得教学内容的调整和更新更加灵活，能够及时响应行业的变化和技术的革新。

结合多媒体资源进行互动式教学内容设计，是提升学生学习兴趣和参与度的重要手段。在会计信息化教学中，利用多媒体资源如视频、动画和模拟软件，可以将抽象的会计信息化概念形象化，使学生更容易理解和记忆。此外，互动式教学内容，如在线讨论、实时反馈和虚拟实验室等，能够激发学生的学习兴趣，促使他们更加主动地参与到学习活动中。这种互动式的学习体验，不仅提高了学生的学习效果，也培养了他们在实际工作中所需的协作和沟通能力。

确保教学内容的实时更新是保持课程现代性与相关性的关键。在快速发展的信息化时代，行业动态和技术发展日新月异，课程内容也需要与时俱进。通过定期更新教学内容，教师可以将最新的行业趋势和技术进步融入课程中，使学生能够接触到最前沿的知识和技能。这种实时更新的机制，不仅增强了课程的吸引力，也提高了学生的就业竞争力，使他们在毕业后能够更好地适应行业的发展需求。

设计以问题为导向的教学内容，旨在鼓励学生在学习过程中积极思考和解决实际问题。这种教学方法强调学生在真实情境下应用所学知识，培养他们的批判性思维和解决问题的能力。在会计信息化教学中，通过设置实际的案例和问题情境，学生可以在分析和解决问题的过程中，深入理解会计信息化的原理和应用。

（三）教学活动安排

在会计信息化教学中，教学活动安排至关重要。设计基于实际会计问题的模拟活动，可以让学生在虚拟环境中进行真实场景的操作与决策。这种教学方法不仅能够提升学生的实践能力，还能让他们更好地理解会计信息化的实际应用。通过模拟现实中的会计问题，学生可以在安全的环境中探索不同的解决方案，从而积累经验。这种基于问题的学习方式能够有效地培养学生的批判性思维和问题解决能力，使他们在面对真实工作环境时更加从容自信。

为了帮助学生即时了解自身的学习进度与掌握情况，实施定期的在线测验与反馈环节是必不可少的。这种即时反馈机制不仅可以促进学生的自主学习，还能帮助教师及时了解学生的学习状态，从而调整教学策略。在线测验作为一种灵活的评估工具，可以通过多样化的题型和即时反馈，帮助学生巩固知识点，提高学习效果。此外，反馈环节的设计也应注重个性化，针对不同学生的学习情况提供有针对性的指导，进一步提高学习效果。

引入游戏化元素设计课堂活动，通过竞赛与互动游戏激发学生的学习兴趣，是提升课堂参与度的有效方式。游戏化学习能够将枯燥的会计知识转化为生动有趣的学习体验，激发学生的内在学习动机。通过设计有趣的竞赛活动，学生可以在轻松愉快的氛围中提高自己的会计技能。同时，互动游戏也为学生提供了一个合作与交流的平台，促进团队合作能力的培养。在这种充满活力的学习环境中，学生的参与度和积极性都得到了显著提高。

四、移动学习的互动与反馈机制

（一）互动方式设计

在会计信息化教学中，互动方式设计是提高教学效果的重要因素。通过精心设计的互动机制，教师可以有效地增加学生的课堂参与度并促进知识的深度理解。实时互动问答环节是其中一种有效的方式。它通过鼓励学生在学习过程中随时提出问题，不仅增强了学生的课堂参与感，还能帮助教师即时了解学生的学习进度和理解程度。通过这种双向互动，教师可以根据学生的反馈及时调整教学策略，确保每位学生都能跟上教学进度并掌握核心知识。

在线讨论区的利用是一种促进学生互动的有效手段。通过这种方式，学生可以在课后继续交流学习心得，分享各自的见解和观点。这种交流不仅可以加深学生对会计信息化知识的理解，还能培养他们的团队协作能力和批判性思维。在讨论区中，学生可以提出问题、解答同学的疑惑，并在相互学习中不断提升自己的知识水平和分析能力。通过这种方式，教学不仅局限于课堂之内，还延伸到了课外，形成了一个持续的学习环境。

虚拟小组活动的引入，为学生提供了一个实践和应用所学知识的机会。在这些活动中，学生被分成小组，共同解决实际的会计问题。这种合作学习模式，不仅提升了学生的实践能力，还培养了他们的沟通技巧和团队合作精神。在小组活动中，学生需要分工合作，分享各自的见解，并在讨论中找到解决问题的最佳方案。这种学习方式，既能提高学生的实际操作能力，又能锻炼他们的综合素质，为将来的职业发展奠定坚实的基础。

（二）反馈渠道建立

在会计信息化教学中，建立有效的反馈渠道是提高教学质量的重要环节。通过课程结束后的匿名问卷调查，教师能够收集到学生对教学内容和方法的真实反馈。这种方式不仅能保护学生的隐私，还能促使他们更加诚实地表达自己的看法，帮助教师了解教学中的不足，进而进行相应的调整和改进。匿名问卷调查作为一种传统有效的反馈渠道，依然在现代教学中发挥着不可替代的作用。

设立定期的师生交流会是促进师生互动的有效手段。在这些交流会上，学生可以分享他们的学习体会和建议，为教师提供直接的反馈。交流会不仅是反馈信息的传递渠道，更是一个双向沟通的平台，教师可以在交流会上解答学生的疑惑，学生也可以通过交流会更深入地理解课程内容。这种面对面的交流形式有助于拉近师生距离，增强教学的亲和力和吸引力，从而提高学生的学习积极性。

为了进一步增强学习的互动性，利用在线平台创建讨论区是必要的。这些讨论区为学生提供了一个随时随地提出问题和建议的渠道。学生可以在讨论区中分享他们在学习过程中遇到的困难，其他学生和教师可以及时给予反馈和帮助。这种即时互动的方式不仅能够解决学生的个性化问题，还能促进学生之间的交流与合作，形成良好的学习氛围。

实施一对一的反馈机制是提高教学效果的重要手段。教师可以在学生的学习过程中提供个性化指导，帮助学生解决具体问题。这种个性化的反馈不仅能提高学生的学习效率，还能增强他们的学习信心。通过一对一的交流，教师可以更深入地了解学生的学习情况，从而为他们提供更具针对性的建议和指导，帮助他们在学习过程中取得更好的成绩。

（三）反馈信息分析

反馈信息分析在移动学习中扮演着至关重要的角色。通过对反馈信息的定量分析，教师可以借助数据统计工具，全面掌握学生在各个学习模块中的表现。这种分析不仅能够识别学生学习效果的趋势与变化，还能帮助教师发现教学过程中可能存在的问题。例如，通过对学生在不同模块中的成绩进行比较，教师可以确定哪些模块需要加强，哪些模块学生已经掌握得较好。这种数据驱动的分析方法，为教师提供了客观的依据，使得教学决策更加科学和有效。

在定量分析的基础上，定性分析同样不可或缺。通过收集学生对教学内容的具体意见，教师可以深入了解学生的学习体验与需求。这种分析方式强调对学生主观感受的重视，有助于教师调整教学策略以更好地满足学生的个性化需求。例如，学生可能会对某些教学内容或方法提出具体的改进建议，这些建议往往能够为教师提供新的视角，帮助其优化教学设计。通过定性分析，教师不仅能够改善教学内容，还能提升学生的学习满意度和积极性。

反馈信息的分类整理是分析过程中的关键步骤。通过对反馈信息进行系统的分类和整理，教师可以识别出影响学生学习动机和参与度的关键因素。这些因素可能包括教学内容的难度、教学方法的趣味性，以及学习资源的可获得性等。通过对这些因素的深入分析，教师可以制定更具针对性的教学策略，激发学生的学习兴趣，提高其参与度。这种分类整理的过程，不仅有助于提高教学质量，还能为教师的专业发展提供有价值的参考。

分析反馈信息与教学目标之间的关联，是评估教学策略有效性与适应性的核心环节。通过这种分析，教师能够判断现有教学策略是否能够有效支持既定教学目标的实现。例如，如果反馈信息显示学生在某些学习目标上表现不佳，教师需要反思当前的教学策略是否需要调整。这种关联分析有助于教师在教学过程中进行及时的策略调整，确保教学目标的达成，并不断提高教学效果。

第五章　会计信息化教学实施策略

第一节　学生自主学习能力培养

一、自主学习能力的概念与重要性

（一）自主学习能力的概念

在会计信息化教学中，培养自主学习能力是一个关键的教育目标。自主学习能力是指学生在学习过程中能够主动设定学习目标，选择合适的学习策略，并进行自我评估的能力。这一能力的培养不仅有助于增强学生的学习动机，使其更加积极主动地参与学习活动，还能提高他们在信息化环境中的适应能力。学生通过自主学习能够有效管理自己的学习时间和资源，从而提高学习效率，尤其是在信息化教学中，学生需要面对大量的数字信息和复杂的学习任务。具备自主学习能力的学生能够灵活应对这些挑战，并通过批判性思维和问题解决能力的提升，促进其终身学习的发展。

自主学习能力的培养对于学生的全面发展至关重要。首先，它能够增强学生的学习动机，使其在学习过程中更加积极主动。学生在设定学习目标时，会更加明确自己的学习方向，并为之付出努力。其次，自主学习能力有助于学生在信息化环境中灵活应对各种学习挑战。信息化教学环境下，学生需要处理大量的信息和复杂的任务，具备自主学习能力的学生能够更好地管理学习时间和资源，提高学习效率。最后，自主学习能力的培养还能够促进学生的批判性思维和问题解决能力，这对于学生在未来的学习和职业发展中都是不可或缺的技能。

在信息化时代，自主学习能力的培养显得尤为重要。信息技术的迅猛发展使得学习资源更加丰富，学习方式更加多样化，学生需要具备更强的自主学习能力才能适应这种变化。自主学习能力不仅能够帮助学生在信息化环境中高效学习，还能够提升其适应能力，使其在面对快速变化的社会和职业环境时更具竞争力。通过自主学习，学生能够不断更新自己的知识和技能，为终身学习奠定坚实的基础。

（二）自主学习能力的重要性

自主学习能力在现代教育中扮演着至关重要的角色。学生具备这种能力，意味着他们能够在学习过程中自我管理，合理规划时间和资源，进而提高学习效率。这种能力不仅是为了应对学术挑战，也是为了在信息化时代快速变化的环境中保持竞争力。通过自主学习，学生能够在多样化的学习资源中找到最适合自己的学习路径，从而实现个性化的学习目标。这种能力的培养，使得学生在面对不同的学习任务时，更加从容不迫，能够有效地进行时间分配和任务管理。

具备自主学习能力的学生，能够根据自己的兴趣和需求选择学习内容，这种学习的针对性和个性化可以极大地提高学习效果。在会计信息化教学中，自主学习能力尤为重要，因为学生需要在大量的信息中快速筛选出对自己有用的部分，并加以深入研究。这种选择能力不仅提高了学习的效率，还使得学生在学习过程中更加投入，能够更好地理解和应用所学知识。这种个性化的学习方式，也使得学生在学习过程中感受到更多的乐趣和成就感，从而激发他们持续学习的动力。

自主学习能力的培养，帮助学生在面对复杂问题时，能够独立思考并尝试多种解决方案，从而提高他们的创新能力。在会计信息化的环境中，学生需要解决的问题往往是复杂多变的，这就要求他们具备良好的问题解决能力。通过自主学习，学生能够探索不同的思维方式和解决策略，这不仅提高了他们的创新能力，也增强了他们在未来工作中的竞争优势。自主学习能力的提升，使得学生在面对挑战时，更加自信和从容，能够有效地应对各种不确定性。

学生自主学习能力的提升，能够增强其自信心，使他们在学习过程中更加积极主动，愿意承担学习责任。在信息化教学环境中，自主学习能力的培养尤为重要，因为它能够帮助学生更好地适应现代化的教学工具和资源。通过自主学习，学生能够在学习过程中不断调整自己的学习策略，找到最适合自己的学习方法。这种能力的提升，不仅能够提高学习效果，还能够使学生在学习过程中感受到更多的成就感和满足感，从而激发他们的学习热情和动力。

培养自主学习能力，使学生能够在信息化环境中灵活应对各种学习工具和资源，提升其适应新技术的能力。在会计信息化教学中，学生需要熟练掌握各种信息化工具，以便在学习和实践中更好地应用这些工具。自主学习能力的培养，使得学生能够快速适应新技术，并在学习过程中不断更新和完善自己的知识体系。

二、会计信息化背景下的学习资源获取

（一）会计信息化的概念

会计信息化是现代会计发展的重要趋势，它是将信息技术与会计业务深度融合，通过专用软件和系统实现会计信息的自动化处理与管理。会计信息化的核心在于提高会计数据处理的效率，减少人工操作可能导致的错误，确保会计信息的准确性和及时性。通过信息化系统，企业能够实现会计信息的实时共享和透明化，从而使内部和外部的利益相关者可以更迅速地获取所需的财务信息。这种实时性和透明性不仅提高了信息的可用性，也为企业的财务决策提供了更为坚实的数据基础。

会计信息化为企业提供了强大的数据分析和决策支持工具，管理层可以基于这些工具进行更科学的经营决策。通过对庞大数据的分析，企业能够更好地理解市场趋势、客户需求以及内部运营效率，从而在竞争激烈的市场中占据有利位置。会计信息化既是技术的应用，也是会计职业发展的推动力。随着信息化的普及，会计人员被要求掌握更多的信息技术技能，以适应不断变化的工作环境和职业要求。会计信息化的实施不仅改变了会计人员的工作方式，还为他们提供了新的职业发展路径和机会。

会计信息化的概念不仅关乎技术的应用，还涉及会计职业的未来发展。它要求会计人员在传统会计技能之外，还需具备信息技术的应用能力，以应对新的工作挑战和机遇。在这一过程中，教育和培训显得尤为重要，尤其是在培养学生的自主学习能力方面。通过会计信息化背景下的学习资源获取，学生可以更好地理解和掌握这一领域的核心概念和技能，为未来的职业生涯做好充分准备。

（二）学习资源的类型

学习资源的类型在会计信息化教育中具有重要的作用。多样化的学习资源不仅能够满足学生不同的学习需求，还能够提升他们的自主学习能力。在会计信息化背景下，学生需要接触到各种形式的资源以全面掌握相关知识与技能。

这些资源包括但不限于在线课程平台、电子书籍、期刊、视频教程、网络研讨会、社交媒体和专业论坛。通过合理利用这些资源，学生能够在自主学习中获得更高效的学习体验。

在线课程平台是会计信息化学习的重要资源。这些平台通常提供专门的会计信息化学习模块，帮助学生掌握相关软件的操作技能。通过在线课程，学生可以灵活地安排学习时间，并根据自身的学习进度进行调整。此外，在线课程平台的互动功能，如讨论区和在线测验，能够增强学习的参与感和趣味性，促进学生与教师以及同学之间的交流与互动。

电子书籍和期刊资源在会计信息化学习中不可或缺。这些资源涵盖了最新的会计信息化理论与实践，为学生提供了深入研究的基础。通过阅读电子书籍和期刊，学生能够了解行业的最新发展趋势和研究成果，提升自己的理论水平和实践能力。同时，电子书籍和期刊的便捷性使得学生可以随时随地进行学习，极大地提高了学习的灵活性和效率。

视频教程和网络研讨会是提供直观操作演示和专家讲解的有效方式。在会计信息化教学中，视频教程能够通过生动的图像和声音帮助学生更好地理解复杂的概念和操作流程。网络研讨会则邀请行业专家进行实时讲解和互动，使学生有机会直接向专家请教问题，拓宽视野并获取宝贵的行业经验。通过这些资源，学生的学习过程变得更加生动和富有互动性。

社交媒体和专业论坛为学生提供了信息共享与交流的平台。在这些平台上，学生可以获取最新的行业动态和资源，参与讨论并分享学习经验。社交媒体的即时性和广泛性使得学生能够快速获取信息，而专业论坛则提供了一个深入探讨专业问题的空间。通过参与这些平台的活动，学生不仅可以扩展专业知识，还能建立起与业内人士的联系，为未来的职业发展奠定基础。

（三）学习资源的获取途径

在会计信息化的背景下，获取学习资源的途径多种多样，涉及线上和线下的多种渠道。参与在线学习平台的注册是获取会计信息化相关课程和资源的重要方式。这些在线平台通常提供丰富的课程内容，涵盖从基础知识到高级技术的各个方面，学生可以根据自身的学习进度和需求，灵活选择学习内容。同时，在线平台还提供了丰富的学习工具和社区互动功能，帮助学生在学习过程中进行自我测试和与他人交流，从而提高学习效果。

加入专业社群和论坛是获取学习资源的重要途径。在这些社群和论坛中，学生可以与同伴交流经验和学习资源，分享彼此的学习心得和体会。通过参与这些社群活动，学生不仅能够获取最新的行业信息和学习资料，还能通过与他人的交流和互动，激发自己的学习兴趣和动力。此外，这些社群和论坛还为学生提供了一个展示自我和学习成果的平台，帮助他们在学习过程中建立自信。

定期访问学术数据库是更新专业知识的有效手段。学术数据库通常收录了大量的研究论文和出版物，涵盖了会计信息化领域的最新研究进展和成果。通过查阅这些资料，学生可以了解当前的研究热点和发展趋势，掌握最新的专业知识和技能。同时，学术数据库还为学生提供了一个进行深度学习和研究的平台，帮助他们在学习过程中培养批判性思维和科研能力。

利用社交媒体关注行业专家和相关机构，是获取最新动态和实用技巧的便捷途径。社交媒体上的行业专家和机构通常会分享他们的研究成果和实践经验，发布行业动态和趋势分析。通过关注这些信息，学生可以及时了解会计信息化领域的最新动向，掌握实用的技巧和方法，提升自身的专业能力和竞争力。此外，社交媒体还为学生提供了一个与行业专家和同行交流互动的平台，帮助他们在学习过程中建立广泛的人脉和社会网络。

三、自主学习计划的制订与执行

（一）学习目标的设定

设定学习目标是学生自主学习计划的核心环节。

在会计信息化课程中，明确的短期学习目标可以帮助学生逐步掌握相关知识和技能。短期目标应具体且可实现，帮助学生在每个学习阶段都有清晰的方向和任务。这种目标设定不仅能激发学生的学习动机，还能使他们在学习过程中更有成就感，从而提高学习效率。

制订长期学习计划时，需要结合个人兴趣与职业发展需求，以确保学习内容的针对性。会计信息化领域的知识更新速度快，学生应根据自身的职业规划，选择适合的学习路径和内容。这种长期计划不仅有助于学生在学术上取得更大进步，还为他们未来的职业发展奠定了坚实基础。

结合课程进度，设定阶段性目标是确保学习计划有效执行的重要策略。阶段性目标提供了对学习进展的评估节点，学生可以通过这些节点及时调整学习策略和内容。这种动态调整机制有助于学生保持学习的灵活性和适应性，尤其是在面对复杂的会计信息化知识时，更显得尤为重要。

在制定学习目标时，考虑利用多样化的学习资源可以增强学习的全面性和深度。会计信息化教学资源丰富，包括教材、在线课程、案例分析、行业报告等。学生应充分利用这些资源，拓宽知识面，深入理解课程内容。多样化的学习资源不仅丰富了学习内容，还能提高学生的学习兴趣和参与度。

（二）学习计划的制订步骤

制订有效的学习计划是提升学生自主学习能力的关键环节。

在会计信息化领域，学生需要首先分析个人学习需求，明确自身在该领域的知识短板与技能缺口。这一过程不仅有助于学生了解自身的学习状态，还能为后续的学习计划制订提供明确的方向。学生可以通过自我评估、与教师沟通以及参与小组讨论等方式，全面识别自己的学习需求，从而为制订切实可行的学习计划奠定基础。

在明确学习需求后，学生需要制定详细的学习时间表，以合理安排学习时间与休息时间。这一环节的核心在于确保学习的持续性与效率。合理的时间安排不仅能帮助学生保持学习的节奏，还能避免学习疲劳，提高学习效果。学生应根据自身的生活作息和学习习惯，制定一个灵活而又严格的时间表，并在执行过程中不断进行调整和优化，以适应新的学习需求和外部环境的变化。

选择合适的学习资源是学习计划成功实施的重要保障。在会计信息化的学习过程中，学生应注重资源的多样性和适用性，包括在线课程、书籍和视频教程等。多样化的学习资源能够提供不同的视角和方法，帮助学生更全面地理解和掌握会计信息化的知识与技能。学生在选择学习资源时，应结合个人的学习需求和目标，确保所选资源能够有效支持其学习计划的执行。

定期进行学习进展的自我评估是确保学习计划有效性的关键步骤。通过自我评估，学生可以记录学习成果，识别学习中的问题，并根据反馈调整学习策略。这一过程不仅能帮助学生及时发现并纠正学习中的偏差，还能增强学生的自我管理能力和学习信心。学生应建立一套科学的评估体系，定期检查学习进度，并在必要时寻求教师或同学的反馈，以优化学习策略。

（三）学习计划的执行策略

在会计信息化教学中，学习计划的执行策略至关重要。制定具体的学习日程是执行策略的首要任务，确保每天都有固定的时间用于学习和复习会计信息化相关内容。这种日程安排不仅有助于培养学生的自律性，还能帮助他们在繁忙的学习生活中找到平衡。通过合理规划时间，学生能够在学习过程中保持持续的动力和专注度，从而有效提高学习效果。

利用学习日志记录每日学习进展和感悟，是一项重要的执行策略。通过记录学习日志，学生可以对自己的学习进行自我反思，识别学习中的薄弱环节，并及时调整学习策略。这种反思过程不仅有助于学生更好地理解和掌握会计信息化知识，还能培养他们的批判性思维和问题解决能力。学习日志还为教师提供了一个了解学生学习动态的窗口，从而能够更有针对性地提供指导和支持。

设定每周的学习主题是提升学习深度的关键策略之一。通过每周集中精力深入研究某一特定领域或软件应用，学生可以在短时间内掌握核心内容，提高学习的系统性和连贯性。这种主题式学习不仅能激发学生的学习兴趣，还能促使他们在深入研究中发现问题，提出创新的解决方案，从而提升自主学习的能力和专业素养。

定期与同伴进行学习讨论，是促进相互学习与激励的重要方式。在学习讨论中，学生可以分享各自的学习成果和遇到的挑战，通过交流与合作，拓宽知识视野，增强理解深度。这种互动学习模式有助于学生建立积极的学习氛围，激发学习热情，并在团队合作中培养沟通能力和团队协作精神。

创建个人学习成果展示，如制作 PPT 或视频，向他人分享学习体验，能够增强学习的互动性和反馈机制。通过展示学习成果，学生可以获得来自同伴和教师的反馈，促进自我反思和改进。这种展示活动不仅能提高学生的表达能力和自信心，还能在分享中巩固所学知识，进一步激发学习的主动性和创造力。

四、学习效果的自我评估与反馈

（一）自我评估的方法

自我评估在学生自主学习中扮演着至关重要的角色。通过有效的自我评估，学生能够更加清晰地了解自身的学习进度与效果。制定具体的自我评估标准是这一过程的基础。明确学习成果的评价指标与要求，有助于学生在学习过程中保持方向感和目标感。这样的标准不仅能够指导学生的学习活动，还能促使他们在学习中进行有针对性的调整与改进，从而提升学习效率和效果。

为了进一步加强自我评估的效果，学生可以利用学习日志记录学习过程中的关键点与困难。这种方法不仅能帮助学生在学习过程中进行及时的反思与总结，还能为后续的改进提供宝贵的参考资料。学习日志的记录能够让学生更好地理解自身的学习习惯和问题所在，从而在未来的学习中采取更有效的策略。此外，定期进行知识测验也是检验学生对会计信息化相关内容掌握程度的重要手段。通过测验，学生能够及时发现自身的知识盲点，并在后续学习中进行针对性补强。

与同伴的学习讨论也是自我评估的重要组成部分。通过与同伴的互动，学生不仅能够获取多样化的反馈与建议，还能在相互交流中激发新的学习思路与方法。这种互动性强的评估方式能够有效促进学习效果的提升。此外，设定学习成果展示环节，鼓励学生主动分享学习经验，也是增强自我评估互动性的重要策略。在展示过程中，学生不仅能够锻炼表达能力，还能通过他人的反馈进一步完善自身的学习方法与策略。

（二）反馈机制的建立

在会计信息化教学中，反馈机制的建立是提升学生自主学习能力的关键环节。有效的反馈机制不仅能帮助学生及时了解自身的学习状况，还能为教师提供有价值的教学改进信息。

建立定期的反馈会议机制是其中一个重要策略。通过定期的教师与学生之间的沟通与互动，教师可以及时了解学生的学习进展和遇到的困难。这种面对面的交流有助于教师根据学生的反馈调整教学策略，确保教学活动能够满足学生的学习需求，并激发学生的学习兴趣和动力。

设计反馈问卷是一种有效的反馈机制。通过问卷调查，教师可以系统地收集学生对课程内容、教学方法和学习资源的意见。这些反馈信息可以为课程的调整和教学方法的改进提供实证支持。例如，教师可以根据学生的反馈调整教学进度，增加或减少某些教学内容，或改进教学方式以更好地适应学生的学习风格。此外，反馈问卷还可以帮助教师发现教学中的潜在问题，及时进行调整，以提高教学效果和学生的学习满意度。

同行评估制度的实施是促进教师专业发展的重要策略。通过鼓励教师之间相互观察和评价，教师可以从同事的课堂中学习不同的教学技巧和策略。同行评估不仅有助于教师反思自己的教学实践，还能通过分享教学经验和改进建议，提升整体教学质量。这种合作与分享的文化可以促进教师之间的专业对话，使教师在教学中不断创新和进步，从而为学生提供更优质的学习体验。

利用在线平台收集实时反馈是现代教学中不可或缺的手段。通过在线调查和讨论区，教师可以获取学生对学习活动的即时反应与建议。这种实时反馈能够使教师在教学过程中快速做出调整，增强教学的灵活性和适应性。此外，在线平台还为学生提供了一个表达意见的渠道，使他们在学习过程中更加主动和积极。教师可以根据在线反馈信息，及时调整教学策略，确保教学活动的有效性和针对性。

第二节　教学互动与协作学习

一、教学互动的基本原则

（一）互动教学的目标

互动教学在会计信息化课程中扮演着至关重要的角色。其目标是通过有效的互动方式，激发学生的学习动机和兴趣，使其在学习过程中保持积极主动的态度。这种教学方法不仅关注知识的传递，还强调学生参与学习的深度和广度。通过精心设计的互动活动，教师可以引导学生深入思考，提高他们的批判性思维和问题解决能力，从而实现更高层次的学习目标。

促进学生主动参与是互动教学的核心任务之一。在会计信息化教学中，通过角色扮演、模拟实验和案例分析等多种互动形式，学生能够亲身体验和实践所学知识。这种参与式学习方式能够有效提升学生的学习动机，使他们在学习过程中感受到成就感和满足感。此外，主动参与的学习方式也有助于学生在掌握知识的同时，培养其自主学习能力和终身学习的意识。

增强师生之间的互动是建立良好教学关系的基础。通过互动教学，教师可以更加了解学生的学习需求和困难，从而提供更具针对性的指导和支持。这种双向交流不仅能够提高教学的有效性，还能增强学生对教师的信任感和依赖感。在会计信息化课程中，师生之间的良好互动有助于营造积极的学习氛围，促进学生在轻松愉快的环境中学习和成长。

通过实时反馈帮助学生及时调整学习策略是互动教学的一个重要目标。在会计信息化教学中，教师可以利用现代信息技术手段，如在线测评工具和学习管理系统，及时获取学生的学习数据，并根据这些数据提供个性化的反馈。这种即时反馈机制能够帮助学生识别学习中的不足，并及时调整学习策略，以提高学习效果和效率。

鼓励学生之间的合作与交流是提升团队学习能力的重要途径。在互动教学中，引导学生通过小组讨论、项目合作等方式进行学习，不仅能够提高他们的沟通能力和团队合作精神，还能激发他们的创新思维。在会计信息化课程中，学生通过合作学习，可以相互启发，共同解决复杂的问题，从而实现知识的共享和能力的共同提升。

（二）互动教学的环境

互动教学的环境在会计信息化教学中扮演着至关重要的角色。一个理想的互动教学环境应具备灵活的空间布局，这不仅能够支持小组讨论和团队合作，还能有效促进学生之间的交流与互动。在这样的环境中，学生能够更加自如地交流想法，分享经验，从而在互动中深化对会计信息化知识的理解。灵活的空间布局还可以根据教学内容的需要进行调整，使得教学活动更加多样化和富有成效。

技术支持的互动教学环境是现代教育发展的重要趋势之一。配备多媒体设备的教室能够为教师提供动态演示和实时反馈的便利条件，这对增强学生的学习体验具有重要意义。通过视频、音频以及其他多媒体资源，教师可以更生动地展示会计信息化的概念和操作流程，帮助学生更直观地理解复杂的知识点。此外，实时反馈功能能够让教师及时了解学生的学习状态，进行针对性的指导和调整，提高教学的有效性。

在线学习平台的使用在互动教学中不可或缺。通过这些平台，学生可以在任何时间和地点参与讨论和协作学习，这大大拓展了传统课堂的时空限制。在线学习平台不仅提供了丰富的学习资源和工具，还为学生之间的互动提供了便捷的渠道。在这样的环境中，学生可以根据自己的学习节奏进行学习，同时借助平台的协作功能，与同学和教师进行实时的交流和探讨，提升学习的效率和效果。

互动教学环境的构建还应注重鼓励学生主动提问和表达观点，创造一个开放和包容的氛围。这样的环境能够有效提升学生的学习积极性，使他们在学习过程中更加投入和主动。开放的氛围有助于学生克服心理障碍，积极参与到课堂讨论中，分享自己的见解和疑问。这不仅能培养学生的批判性思维和创新能力，还能在互动中激发更多的学习灵感和动力。

（三）互动教学的反馈机制

在互动教学中，反馈机制是确保教学效果的重要组成部分。有效的反馈机制能够帮助教师及时了解学生的学习状态和需求，从而进行针对性的指导。

建立定期的反馈机制尤为重要，它可以确保学生在学习过程中能够持续获得教师的指导和建议。这种机制不仅有助于提升学生的学习效果，还能增强他们的学习动力和参与感。

利用在线平台收集学生的学习反馈，是现代教学中不可或缺的一环。通过这些平台，教师能够快速获取学生对课程内容和教学方法的真实感受。这种即时性的信息收集方式，能够帮助教师及时调整教学策略，满足不同学生的学习需求。此外，在线平台还提供了一个开放的交流环境，使得学生能够自由表达他们的意见和建议，促进师生之间的有效沟通。

同行评估制度在互动教学中扮演着重要角色。通过鼓励学生之间相互评价，不仅能促进学习效果的提升，还能促进经验的分享。这种制度能够增强学生的批判性思维能力和合作精神，同时也为教师提供了另一种视角来审视教学效果。学生在进行同行评估时，会更加积极地参与学习过程，从而提高他们的学习积极性和责任感。

设计反馈问卷是收集学生对学习活动意见和建议的有效工具。定期进行问卷调查，可以帮助教师了解学生的学习体验和需求，从而进行针对性的调整和改进。这种反馈方式不仅能提高教学的针对性和有效性，还能增强学生对课程的参与度和满意度。通过分析反馈问卷的数据，教师可以识别出教学中的不足，并采取相应的改进措施。

二、协作学习的组织形式

（一）小组合作模式

小组合作模式在会计信息化教学中扮演着关键角色，其组织结构的设计尤为重要。通过明确的角色分配和任务划分，小组成员能够各司其职，充分发挥各自的特长，提高团队协作效率。每个小组成员在团队中都拥有特定的职责，从而促进了团队内部的责任感和参与度。这种组织结构不仅提高了团队的工作效率，还为学生提供了一个相互学习的平台，使他们在合作中获得更丰富的学习体验。

在小组合作中，制定共同目标是激励小组成员共同努力的重要策略。明确的目标能够为小组成员指明方向，增强他们的学习动机和责任感。通过设定具体、可衡量的目标，学生们能够更好地评估自己的进展，并在必要时调整学习策略。共同目标的设定还可以增强小组成员之间的凝聚力，使他们在合作中更加积极主动地分享知识和经验，从而提高整体学习效果。

在线协作工具的应用为小组合作模式提供了技术支持，促进了信息的高效共享。通过这些工具，学生能够在虚拟环境中进行实时沟通，确保小组成员之间的信息流畅传递。这种技术手段不仅打破了时间和空间的限制，还为学生提供了一个开放的交流平台，增强了合作学习的效果。在线协作工具的使用还可以记录小组成员的贡献，为后续的反馈和评估提供数据支持。

定期的小组讨论和反馈会议是小组合作模式中的重要环节。通过这些会议，学生可以分享各自的学习进展，交换意见，并在反馈中发现问题与不足。这种互动不仅帮助学生及时调整学习策略，还促进了知识的深入理解。定期的讨论和反馈机制为学生提供了一个反思和改进的机会，使他们在合作中不断提升自己的学习能力。

（二）角色分配策略

角色分配策略在协作学习中扮演着至关重要的角色，通过合理分配角色，可以有效提升团队的合作效率和学习效果。

明确小组内各成员的职责和任务是角色分配的首要任务。每个成员在团队中都应清楚自己的角色和贡献，这不仅有助于减少任务重叠和资源浪费，还能增强成员的责任感和使命感。通过这种方式，团队可以更有条理地推进项目，确保每个环节都有人负责和跟进，从而提高整体工作效率。

根据成员的特长和兴趣进行角色分配是提高小组合作效率和成果质量的关键。每个成员都有其独特的优势和兴趣领域，合理的角色分配能够激发成员的潜力和积极性。例如，对数据分析感兴趣的成员可以负责数据处理和分析任务，而擅长沟通的成员则可以负责协调和对外交流。这样的分配不仅能使成员在熟悉的领域发挥所长，还能提高团队的成果质量和创新能力，形成1＋1＞2的协作效果。

设定定期的角色轮换机制是增强团队灵活性和适应能力的重要策略。通过角色轮换，成员可以体验不同的角色职责，拓宽视野和技能。这种机制有助于打破角色固化的局面，使成员能够更全面地理解团队运作的全貌，进而提升团队的整体适应能力。角色轮换还可以防止成员因长期从事单一角色而产生的倦怠感，保持团队的活力和创新动力。

鼓励成员在小组内担任领导角色是培养其组织和协调能力的重要手段。通过在团队中担任领导角色，成员可以锻炼自己的决策能力、沟通能力以及解决问题的能力。这不仅有助于个人能力的提升，也能促进团队的整体发展。领导角色的轮换可以让更多的成员有机会展现和提升自己的领导才能，形成多元化的领导力结构，增强团队的凝聚力和向心力。

（三）协作任务设计

在会计信息化教学中，协作任务设计不仅是学生学习的载体，还是培养学生团队合作能力的重要途径。通过精心设计的协作任务，学生可以在实际操作中锻炼其分析能力和解决问题的能力。协作任务需要明确的目标和步骤，以便学生能够清晰地理解任务要求，并在实施过程中不断反思和调整策略。有效的协作任务设计能够激发学生的学习兴趣，提高他们的参与度和责任感，从而为会计信息化学习的深入推进奠定基础。

在协作任务设计中，制订小组内的角色分配方案是至关重要的一环。每位成员在项目中承担不同的任务，如数据分析、报告撰写和演示准备等，这种明确的角色分工能够促进小组成员的责任感和参与感。通过这种方式，学生不仅可以发挥各自的特长，还能在完成任务的过程中学会相互支持与合作。这种角色分配不仅有助于提高任务完成的效率，还能够培养学生的组织和协调能力，为他们未来的职业生涯打下坚实的基础。

开展小组讨论会是协作学习中不可或缺的环节。定期的讨论会为学生提供了一个分享学习进展和遇到问题的平台，增强了团队间的沟通与支持。通过这种互动，学生能够在交流中获得新的视角和解决方案，从而促进知识的共享与深入理解。小组讨论会还可以帮助学生锻炼其表达能力和倾听能力，培养他们的团队合作精神和批判性思维。这种互动形式不仅丰富了教学内容，也提升了学生的综合素质。

设计跨小组合作任务是提升学生综合协作能力的重要策略。通过鼓励不同小组之间的交流与合作，学生能够在更大范围内进行资源整合和信息共享，以完成更复杂的会计信息化项目。这种跨小组的合作不仅可以拓宽学生的知识面，还能锻炼他们在多元文化背景下的沟通能力和适应能力。通过与不同背景和能力的同学合作，学生能够在多样化的团队中找到自己的定位，提升其综合素质和创新能力。

三、信息化工具在互动教学中的应用

（一）在线讨论平台

在线讨论平台在会计信息化教学中扮演着重要角色，为学生提供了一个即时沟通和交流的环境。这种平台的应用不仅促进了学习过程中的互动与合作，还为学生提供了一个广阔的知识交流空间。通过这种即时互动，学生能够更深入地理解学习内容，并在交流中激发新的学习兴趣和动力。在线讨论平台的即时性和便捷性，使得学生之间的沟通不再受时间和空间的限制，极大地提升了学习的灵活性和效率。

教师在使用在线讨论平台时，可以实时监控学生的学习动态，及时给予指导和反馈。这种实时监控的功能使教师能够了解每个学生的学习进度和困难，从而提供更有针对性的辅导和支持。通过这种方式，不仅可以提高教学效果，还能帮助学生在学习过程中及时纠正错误，巩固正确的知识点。此外，教师的参与也能激发学生的学习兴趣，鼓励他们在平台上积极参与讨论和交流。

在线讨论平台支持多种形式的交流，包括文字、音频和视频，满足了不同学生的沟通需求。这种多样化的交流形式，使得学生可以根据自己的偏好选择最适合的沟通方式，从而增强学习的灵活性。无论是通过文字讨论，还是通过音频和视频交流，学生都能在平台上找到适合自己的学习方式。这种多样化的交流方式，不仅丰富了学习内容，也为学生提供了更多的表达和交流机会。

学生在在线讨论平台上可以分享学习资源和经验，这种资源共享的方式促进了知识的共享与共同进步。通过分享和交流，学生能够获得更多的学习资源和信息，从而拓宽自己的知识面。此外，这一分享和交流的过程，也培养了学生的团队合作精神，使他们在合作中学会互相帮助和支持，共同进步。这种团队合作的精神，不仅对学生的学习有帮助，也为他们未来的职业发展打下了良好的基础。

在线讨论平台的使用能够激发学生的参与感和责任感，鼓励他们主动表达观点和参与讨论。这种主动参与的过程，不仅提升了学生的自主学习能力，还培养了他们的思维能力和表达能力。在讨论中，学生可以提出自己的见解和看法，与他人分享和交流，从而在互动中不断完善和提升自己的知识水平。

（二）实时反馈系统

实时反馈系统在现代教学中扮演着重要角色，通过即时信息的收集和分析，教师可以快速掌握学生的学习状况和需求。这种系统不仅是一个信息收集工具，也是教师了解学生学习动态的“窗口”。在会计信息化教学中，实时反馈系统能够帮助教师精确识别学生的理解障碍，及时调整教学内容和方法，从而提高教学的针对性和有效性。这一系统的应用，标志着教学从传统的单向知识传递向双向互动的转变，为教学模式的创新提供了新的可能。

实时反馈系统的一个重要功能是支持学生在学习过程中获得及时、个性化的指导。这种即时反馈机制使学生能够在学习中及时调整策略，优化学习方法。尤其在会计信息化教学中，学生面对复杂的会计软件和信息系统时，往往需要快速解决问题的能力。实时反馈系统通过提供即时的建议和指导，帮助学生克服学习中的困难，增强他们的自主学习能力。这种支持不仅提高了学习效率，还培养了学生解决实际问题的能力，为他们未来的职业发展打下坚实基础。

实时反馈系统的应用能够显著增强学生的学习动机，鼓励他们更加主动地参与课堂互动。通过实时反馈，学生可以看到自己的学习进展和成就，这种即时的正反馈能够激发他们的学习兴趣和积极性。在会计信息化教学中，学生面对的学习内容通常较为抽象和复杂，实时反馈系统提供的即时激励和支持有助于学生保持持久的学习动力，从而提升整体学习效果。

实时反馈系统具备记录学生学习进展的功能，为个性化教学和评估提供了数据支持。教师可以通过系统提供的数据，了解每位学生的学习轨迹和进步情况，从而制订更具针对性的教学方案。这种数据驱动的教学方式不仅提高了教学的科学性和有效性，还为教师提供了进行个性化评估的依据。在会计信息化教学中，个性化教学能够更好地满足不同学生的学习需求，帮助他们在各自的学习路径上取得最佳进展。

（三）数字化资源共享

在现代会计信息化教学中，数字化资源共享已成为提高教学效果的重要手段。数字化资源共享平台的构建，使教师和学生能够方便地上传、下载和共享教学材料。这些平台不仅提供了一个集中的资源库，还通过先进的检索功能，使用户能够快速找到所需的资料。这种便利性大大提高了教学效率，同时也使得教学资源的获取不再受时间和空间的限制。数字化资源的共享，促进了知识的广泛传播，为教学内容的更新和丰富提供了有力支持。

社交媒体和在线论坛的利用，进一步促进了教师与学生之间的资源交流和讨论。通过这些互动平台，学生可以在课后继续与教师和同学交流，提出问题并获得及时的解答。这种互动性不仅增强了学生的学习积极性，也为教师提供了更全面的反馈渠道。通过在线讨论，教师可以更好地了解学生的学习需求和困难，从而调整教学策略，提高教学的针对性和有效性。这种基于信息化工具的互动教学模式，突破了传统课堂的限制，拓展了教学的时空维度。

云存储和协作工具的应用，使得教学资源的实时更新和协同编辑成为可能。在云平台上，教师可以随时更新教学材料，确保其内容的时效性和准确性。同时，协作工具允许多个用户同时编辑同一文档，促进了教师之间的合作和交流。这种协作模式不仅提高了教学资源的质量，还培养了教师和学生的团队合作能力。在会计信息化教学中，通过云技术实现的资源共享，推动了教学内容的动态更新和不断优化。

为了提升资源共享的质量，建立资源共享的评估机制显得尤为重要。通过这一机制，教师和学生可以对共享资源进行评价和反馈，指出其优点和不足。这种评估不仅有助于资源的改进，还为其他用户提供了参考。在这一过程中，学生的参与感和责任感得到了增强，他们不仅是资源的消费者，也是资源的贡献者。通过评价和反馈机制，资源的质量得到了持续提升，也促进了学生之间的良性互动。

四、教师在协作学习中的引导角色

（一）促进者角色

在协作学习中，教师扮演着促进者的角色。教师应努力营造一个开放和包容的学习环境，这样的环境能够鼓励学生积极提出问题和表达自己的观点。通过这种互动，学生不仅能够加深对知识的理解，还能在讨论中锻炼批判性思维和沟通能力。教师的任务不仅是知识的传授者，也是引导学生进行深层次思考的推动者。开放的环境能够激发学生的好奇心，促使他们在学习过程中不断探索和创新。

为了进一步激发学生的学习热情，教师需要设计富有挑战性的任务。这些任务应当能够激发学生的探索精神和主动学习的意愿，从而增强学习的深度与广度。在会计信息化的教学中，这种任务设计可以结合实际案例，让学生在解决问题的过程中应用所学知识并培养解决实际问题的能力。通过这种方式，学生不仅能够掌握理论知识，还能提升实践能力，为未来的职业发展做好准备。

及时的反馈是协作学习中不可或缺的一部分。教师应当在学生学习过程中提供及时且有针对性的反馈，帮助他们识别学习中的困难和不足。这种反馈不仅能指导学生调整学习策略，还能有效提高学习效果。通过反馈，学生能够明确自己的进步方向和需要改进的领域，从而在学习过程中不断提升自我。教师的反馈不仅是对学生学习情况的评价，也是对学生学习过程的指导和支持。

信息技术工具在协作学习中发挥着重要的作用。教师可以利用多种信息技术工具来支持学生的协作学习，这些工具可以增强学生的团队合作能力，并促进知识的共享与交流。在会计信息化教学中，利用信息技术工具可以模拟真实的会计环境，让学生在虚拟平台上进行协作和交流，从而提高学习的实用性和互动性。信息技术的应用，不仅丰富了教学手段，还为学生提供了更多的学习资源和机会。

（二）资源提供者角色

在会计信息化教学中，教师的角色不仅是知识的传递者，还是学习资源的提供者。教师需要根据学生的学习需求和课程目标，提供多样化的学习资源。这些资源不仅要涵盖教材中的核心内容，还应包括最新的行业动态、案例分析和技术应用，以确保学生在学习过程中能够接触到广泛且实用的信息。这种资源的多样性和可获取性，能够有效地支持学生的个性化学习和全面发展。

随着会计信息化环境的快速变化，教师需定期更新和维护教学资源，确保其内容的时效性和相关性。这不仅包括对现有资源的更新，还涉及新资源的开发和引入。教师应密切关注行业的发展趋势和技术革新，将最新的研究成果和实践经验融入教学资源中。这样，学生才能在学习过程中保持对行业动态的敏感性，并具备应对未来挑战的能力。

在线平台和工具的使用，极大地增强了学习资源的灵活性和便利性。教师可以利用这些技术手段，为学生创建一个便捷的学习环境，使他们能够随时随地访问和使用各种学习资源。这种灵活性不仅提高了学习的效率，还激发了学生的自主学习兴趣。通过在线平台，学生可以更容易地参与到学习资源的讨论和共享中，形成良好的协作学习氛围。

在协作学习环境中，教师应鼓励学生积极参与资源的共享与讨论。这种参与不仅促进了知识的交流和团队合作，也提升了整体的学习效果。通过资源的共享，学生可以接触到不同的观点和思维方式，从而拓宽自己的知识面。在讨论中，学生能够锻炼自己的表达能力和批判性思维，增强对知识的理解和应用能力。

教师在提供学习资源的同时，还应提供必要的指导和支持，帮助学生有效利用这些资源。通过适当的引导，教师可以帮助学生提升自主学习能力和信息处理能力。在会计信息化的学习中，学生需要掌握大量的信息和技能，教师的指导能够帮助他们更好地整合和应用这些知识，从而在学习中取得更好的成果。

（三）评估者角色

教师在协作学习中扮演评估者角色，旨在确保学生的学习过程和结果达到预期的教学目标。评估者不仅关注学习结果，还强调学习过程中的参与度和贡献度。通过对学生在协作学习中的参与度和贡献进行评估，教师能够确保每位成员在小组中都能发挥作用。这种评估不仅是对个人表现的评价，还是对整个团队合作质量的检验。通过对学生参与度的评估，教师可以及时发现问题，调整教学策略，促进每位学生的积极参与。

制定明确的评估标准是评估者角色的重要职责之一。教师需要帮助学生理解在协作学习中应达到的目标和期望，这样学生才能有的放矢地进行学习活动。明确的评估标准不仅能指导学生的学习方向，还能为他们提供自我评估的依据。评估标准应包括对知识掌握程度、团队合作能力、创新思维等多方面的要求，以全面提升学生的综合素质。

定期的反馈会议是评估者角色的重要环节。通过反馈会议，教师可以让学生了解自己的表现和改进方向，从而促进其在团队中的成长。反馈不仅是对学生表现的总结，也是对其未来发展的指导。通过建设性的反馈，教师可以帮助学生认识到自身的优点和不足，激发其改进的动力。反馈会议还可以作为学生之间交流意见的平台，进一步加强团队合作。

同行评估机制是评估者角色中一个有效的策略。教师可以通过引导学生进行相互评价，增强团队合作意识和责任感。在同行评估中，学生不仅是被评估者，也是评估者，这种双重角色能够激发学生的责任感和团队意识。通过对同伴的评价，学生可以更好地理解团队合作的重要性，并在相互学习中提升自身能力。

第三节 实践教学与实习实训

一、实践教学课程设计与实施

（一）课程目标设定

课程目标设定是实践教学课程设计的首要任务，明确实践教学的核心目标至关重要。在会计信息化教学中，核心目标是培养学生对会计信息化的基本理解与应用能力。为此，课程内容的设计必须紧密围绕这一目标展开，确保学生在学习过程中能够掌握会计信息化相关软件的操作技能。这不仅包括对软件功能的了解，还涉及如何在实际工作场景中应用这些技能，以解决真实的会计问题。通过合理的课程设计，学生能够在理论与实践的结合中，深刻理解会计信息化的核心概念和技术应用。

实践教学的一个关键环节是设置具体的实践活动，以增强学生的实际操作能力和团队协作精神。在实践教学中，学生需要通过模拟真实的会计环境，进行软件操作和数据分析等活动。这些活动不仅考验学生的个人操作能力，还要求他们在团队中有效沟通与合作，完成复杂的任务。这种教学方式有助于学生在实践中积累经验，提高解决问题的能力，同时也培养了他们的团队合作意识和领导能力，为未来的职业发展打下坚实的基础。

为了确保实践教学的学习效果，制定科学合理的评估标准是必不可少的。评估标准的制定需要考虑多方面的因素，包括学生在实践中的表现、掌握技能的熟练程度以及解决问题的创新能力。通过定量和定性相结合的评估方式，可以全面、客观地反映学生在实践教学中的学习成果。这不仅有助于教师了解学生的学习进度和存在的问题，也为学生提供了明确的改进方向，激励他们不断提升自己的专业能力和综合素质。

在实践教学中，促进学生的批判性思维是一个重要的教学目标。学生不仅要掌握现有的知识和技能，还需具备在实践中发现问题并提出解决方案的能力。通过案例分析和问题导向的教学方法，学生能够在实践中激发思考，培养独立分析和解决问题的能力。这种教学策略不仅提高了学生的学习兴趣和主动性，还为他们在复杂多变的会计信息化环境中灵活应对各种挑战做好了准备。

（二）教学内容选择

教学内容的选择对于会计信息化课程的成功实施至关重要。在选择教学内容时，应充分考虑学生的知识基础和未来职业需求。教学内容不仅要涵盖会计信息化软件的基本操作和功能，还应引导学生理解其在不同业务场景中的应用。通过设计合理的课程结构，可以帮助学生在学习过程中逐步建立起对会计信息化的全面认识，进而提高其在实际工作中的应用能力。此外，教学内容的选择还应与时俱进，及时更新，以反映行业最新的发展动态和技术趋势。

设计模拟实操环节是实践教学的重要组成部分。通过模拟真实的业务场景，学生可以在实践中熟悉会计信息化软件的基本操作和功能。这种动手操作的学习方式，不仅有助于加深学生对理论知识的理解，而且能有效提升其解决实际问题的能力。在模拟实操中，学生可以亲身体验从数据输入、处理到生成财务报表的全过程，增强其对会计信息化系统的整体把握。同时，通过反复练习，学生可以提高操作的熟练度，为将来在实际工作中应用会计信息化技术打下坚实的基础。

为了增强课程的实用性，可以引入行业专家举办讲座。行业专家的分享能够为学生提供最新的会计信息化技术和市场趋势的信息，使学生了解当前行业的热点和发展方向。这种与行业接轨的教学方式，不仅可以激发学生的学习兴趣，还能帮助他们建立与实际工作环境的联系。通过专家的经验分享，学生可以获得课堂之外的知识，拓宽视野，并为未来的职业发展做好准备。这种实践与理论相结合的教学策略，能够有效提升课程的实用性和吸引力。

结合项目驱动学习，可以鼓励学生参与团队项目，从而提升其协作能力和实际应用能力。项目驱动学习是一种以学生为中心的教学方法，通过实际项目的实施，学生可以将所学的理论知识应用于实践，解决真实问题。在团队合作中，学生不仅可以锻炼沟通和协调能力，还能培养团队精神和责任感。同时，项目驱动学习也为学生提供了一个展示自我能力的平台，帮助他们在实践中发现自身的优势和不足，进一步提升综合素质。

设置多样化的评估方式是全面评估学生学习效果的重要手段。传统的考试方式难以全面反映学生在实践教学中的表现，因此，需要引入实践报告、软件操作测试和团队合作评价等多种评估方式。实践报告可以考查学生对项目的整体把握和分析能力，软件操作测试直接评估其对会计信息化工具的掌握程度，团队合作评价则关注学生的协作能力和团队贡献。这种多元化的评估方式，能够更全面地反映学生在实践教学中的学习效果，帮助教师更准确地了解学生的学习进度和存在的问题。

（三）教学方法应用

在会计信息化教学中，教学方法的应用至关重要。教学方法不仅影响学生的学习效果，还直接关系到学生对会计信息化知识的掌握程度和应用能力。实施翻转课堂教学模式是当前实践教学中的一种创新尝试。通过这种模式，学生可以在课前自主学习相关知识，课堂上则以讨论和实操为主。这种教学方法能够有效增强学生的学习主动性和互动性，使学生在课堂上不仅是知识的接受者，还是知识的探索者和应用者。翻转课堂的核心在于让学生成为学习的主体，教师则转变为引导者和促进者，从而激发学生的学习热情和创造力。

模拟仿真技术的应用为会计信息化教学提供了新的视角。通过创建虚拟会计环境，学生可以在一个安全的条件下进行实操训练。这种虚拟环境的优势在于可以提供真实的工作场景，让学生在无风险的前提下进行操作，提升其操作技能和应变能力。模拟仿真技术不仅可以帮助学生理解复杂的会计信息化流程，还能培养他们在实际工作中所需的分析和解决问题的能力。在虚拟环境中进行反复练习，学生能够更好地掌握会计信息化系统的操作技巧，从而为未来的职业发展打下坚实基础。

小组合作学习是实践教学中不可或缺的一部分。通过引入团队项目，学生可以在协作中实现知识共享，培养团队合作精神和沟通能力。在小组合作学习中，学生不仅要完成个人任务，还需与团队成员共同解决问题，这种学习方式能够有效提升学生的综合素质。团队合作项目可以模拟真实的工作环境，要求学生分工协作、互相支持，最终达成共同目标。这种教学方法可以提高学生的责任感和团队意识，同时也能锻炼他们的组织和协调能力，为将来的职业生涯做好准备。

二、实习实训基地的建设与管理

（一）基地选址与规划

在会计信息化教学的实施过程中，实习实训基地的选址与规划至关重要。地理位置便利的基地不仅能提高学生的日常通勤效率，还能增加他们参与实习实训活动的积极性。选择交通便捷且靠近学生主要生活区的地点，有助于降低通勤时间和成本，进而提升学生的学习体验和参与度。此外，基地的选址还需考虑周边企业的分布情况，以便与行业企业建立合作关系，为学生提供更多的实践机会和真实的工作环境。

确保实习实训基地具备必要的会计信息化设备和软件，是支持学生实际操作需求的关键。基地需要配备先进的计算机硬件和专业会计软件，以模拟真实的工作场景，让学生在实践中掌握会计信息化的操作技能。这不仅包括常用的会计软件，还应涵盖最新的财务管理工具和信息系统，以跟上行业的发展趋势。设备的更新和维护也需及时，以保证教学质量和学生的学习效果。

与行业企业建立合作关系，是实习实训基地建设的重要方面。通过与企业的合作，基地可以为学生提供真实的工作环境和项目经验，使他们在学校学习的理论知识与实际操作相结合。这种合作关系不仅能丰富学生的实习内容，还能为他们提供职业发展的机会，增强就业竞争力。企业参与到基地建设中，也能确保教学内容与行业需求的紧密结合，提高教学的针对性和实用性。

设计灵活的实习实训课程，是满足学生多样化学习需求的有效策略。课程设计应考虑学生的学习进度和个性化需求，能够根据实际情况进行调整和优化。这种灵活性不仅能提高学生的学习效果，还能激发他们的学习兴趣和主动性。课程内容应涵盖会计信息化的各个方面，并通过案例分析等方法，帮助学生理解和应用所学知识。

（二）设施设备配置

在会计信息化教学中，设施设备的配置是实习实训基地建设与管理的关键环节。现代化的会计信息化软件是实习实训基地的核心组成部分，学生通过这些软件可以学习和掌握行业内的主流工具。当前，随着信息技术的迅猛发展，会计行业的工具和软件也在不断更新换代，因此，实习实训基地必须紧跟行业发展步伐，配置最新的软件系统，以确保学生能够熟练运用这些工具。此外，软件的选择应兼顾实用性和前瞻性，既要满足当前教学需要，又要具备一定的扩展性，以适应未来会计信息化的发展趋势。

计算机工作站的配置是实习实训基地设施设备配置的重要方面。每个工作站应提供足够的计算资源和稳定的网络连接，以支持学生进行复杂的数据分析和软件操作。计算机硬件的性能直接影响到学生的学习体验和效率，因此，实习实训基地在选择计算机设备时，应优先考虑高性能的处理器和大容量的存储设备。此外，网络连接的稳定性和速度也是影响教学效果的重要因素，基地应采用高速网络，并配置必要的网络安全措施，以保障教学活动的顺利进行。

多媒体教学设备的应用可以显著增强课堂教学的互动性和学生的参与感。在实习实训基地中，投影仪和智能白板等多媒体设备的配置，可以帮助教师更直观地展示教学内容，促进学生的理解和记忆。通过多媒体设备，教师可以将抽象的会计信息化概念形象化，利用图表、视频等多种形式进行演示，吸引学生的注意力，提高课堂教学的效果。此外，多媒体设备还可以支持师生之间的互动，学生可以通过这些设备进行演示和分享，增强学习的主动性和积极性。

模拟实操环境的建立是提升学生应用能力的重要手段。利用虚拟现实或仿真软件，实习实训基地可以为学生提供接近真实的实践场景，让他们在虚拟环境中进行操作和练习。这种教学方式不仅能提高学生的实际操作能力，还能帮助他们积累实践经验，增强问题解决能力。在模拟环境中，学生可以反复进行练习，及时发现和纠正错误，逐步提升技能水平。同时，模拟实操环境还可以为学生提供安全的学习空间，避免实际操作中可能出现的风险。

（三）管理制度制定

在实习实训基地的建设与管理中，制定完善的管理制度是确保基地高效运作的关键。

明确实习实训活动的目标和评估标准至关重要。这不仅为学生提供了明确的学习方向，还确保了他们在实践中能够获得实质性的技能提升。通过设定具体的评估标准，教育机构能够有效地衡量学生的学习成果，从而不断优化教学内容和方法。

一个高效运作的实习实训基地离不开强有力的管理团队。建立一个由多方专家组成的管理团队，并明确各成员的职责和分工，是确保活动有序进行的基础。管理团队需要具备协调能力，能够在各个环节发挥作用，确保实习活动的组织与协调顺畅。这种分工明确的团队结构有助于提升基地的整体管理水平，使得实习过程更加系统化和专业化。

为了保障学生在实习过程中的人身安全和学习环境的规范性，制定实习生的行为规范和安全管理制度是必不可少的。行为规范为学生在实习中的行为提供了指导，确保他们在企业环境中表现得当。而安全管理制度则保障了学生在实习过程中的人身安全，为他们提供了一个安全的学习环境。这些制度不仅保护了学生的权益，也为企业提供了一个明确的操作框架。

三、实践教学中的技术应用与创新

（一）信息化教学工具

信息化教学工具在会计信息化教学中的应用，为教学过程带来了显著的变革。这些工具的多样性，包括在线学习平台、虚拟实验室和互动软件，能够满足不同教学需求和学习风格。在线学习平台提供了丰富的课程资源和灵活的学习方式，使得学生可以根据自己的进度进行学习。虚拟实验室模拟了真实的会计环境，学生可以在其中进行模拟操作，提升实际操作能力。互动软件通过多种互动形式，增强了学生的参与感和学习兴趣，从而提高了教学效果。

信息化教学工具的实时反馈功能是其一大优势。通过这些工具，教师可以及时获取学生的学习数据，包括学习进度、作业完成情况和测验成绩等。这些数据帮助教师了解每个学生的学习状况，从而能够及时调整教学策略，以更好地满足学生的学习需求。实时反馈不仅提高了教学的针对性和有效性，还增强了学生的学习动力，使他们能够在及时的反馈中不断改进和提升。

信息化教学工具的可访问性确保了学生能够随时随地获取学习资源，极大地增强了学习的灵活性和自主性。无论在课堂内外，学生都可以通过网络访问学习平台，进行知识的预习、复习或扩展学习。这种随时可用的学习资源使学生能够根据自己的时间安排进行学习，打破了传统课堂教学的时空限制，促进了学生的自主学习能力的发展。

信息化教学工具的协作功能在实践教学中发挥了重要作用。这些工具支持学生之间的合作与交流，通过在线讨论区、协作文档和团队项目等形式，学生可以进行实时的沟通和合作。这种协作不仅提升了学生的团队学习能力，还培养了他们的集体智慧和解决问题的能力。在会计信息化教学中，协作能力是学生未来职业发展中不可或缺的一部分。

信息化教学工具提供的个性化学习支持，为学生的学习提供了定制化的路径和资源。根据学生的学习进度和需求，这些工具能够推荐相应的学习内容和练习，帮助学生在薄弱环节进行针对性强化。这种个性化的学习支持不仅提高了学生的学习效率，还增强了他们的学习体验，使得每个学生都能在适合自己的节奏中学习和成长。

（二）虚拟仿真实训

虚拟仿真实训在会计信息化教学中扮演着重要角色，它为学生提供了一个安全的学习环境，使他们能够在无风险的情况下进行实际操作和技能练习。通过这种方式，学生可以在不必担心犯错的情况下，探索和掌握复杂的会计信息化工具和软件。这种无风险的环境不仅降低了心理压力，还提高了学生的学习效率，使他们能够更加专注于技能的提升和知识的应用。

虚拟仿真实训能够模拟真实的会计工作场景，帮助学生理解行业流程和标准操作程序。这种模拟环境使学生能够体验到真实工作中的挑战和要求，从而提高他们的职业素养和实践能力。通过在虚拟环境中反复练习，学生能够熟悉各类会计软件的操作，理解会计信息化系统的运作原理，并掌握处理实际业务的能力。这种沉浸式学习体验为学生提供了宝贵的实践机会，使他们在进入职场前就能具备一定的实战能力。

虚拟仿真实训的一个显著优势是能够为学生提供即时反馈，促进其对会计信息化工具和软件的掌握与应用。学生在训练过程中遇到的问题可以立即得到反馈和指导，这种即时性有助于学生快速纠正错误，巩固正确的操作方法。同时，教师也可以通过虚拟仿真实训平台实时监控学生的学习进度，及时调整教学策略，以满足不同学生的学习需求。这种互动性和反馈机制大大提升了教学效果。

支持个性化学习是虚拟仿真实训的一大特点。学生可以根据自身的学习进度和需求选择不同的训练模块，从而实现个性化的学习体验。这种灵活性使学生能够在学习过程中自主选择学习路径，专注于自己感兴趣或薄弱的环节，从而提高学习的针对性和有效性。个性化学习不仅提高了学生的学习积极性，也促进了他们的自主学习能力的培养。

虚拟仿真实训还可以增强学生的团队合作能力。通过小组项目，学生在虚拟环境中共同解决问题，这种合作学习模式有助于培养学生的沟通能力和团队协作精神。在虚拟仿真项目中，学生需要分工合作，协调各自的任务，共同完成复杂的会计信息化项目。

（三）创新教学模式

在会计信息化教学中，创新教学模式是提高教学效果和学生参与度的重要手段。翻转课堂模式的应用，通过课前自学与课堂讨论相结合，能够有效提升学生的主动学习能力与参与感。在这种模式下，学生在课前通过预习视频、阅读材料等方式掌握基础知识，课堂上则通过讨论、案例分析等互动形式深化理解。这种教学方式不仅提高了课堂效率，还培养了学生的自主学习能力和批判性思维，使他们能够更好地适应现代信息化社会的需求。

项目驱动学习是一种鼓励学生在真实或模拟项目中进行实践的教学策略。这种方法通过让学生参与实际项目，增强了他们解决实际问题的能力与团队协作精神。在项目过程中，学生需要综合运用所学知识，进行数据分析、决策制定等操作，这不仅提高了他们的实践技能，还培养了他们的创新思维和领导能力。在会计信息化教学中，项目驱动学习可以通过模拟企业财务系统、开发管理软件等方式实施，使学生能够在实践中掌握信息技术的应用。

基于游戏化学习的策略通过引入游戏元素，激发学生的学习兴趣和动力，使学习过程更具互动性和趣味性。游戏化学习将知识点融入游戏情境中，通过积分、奖励等机制，激励学生积极参与。在会计信息化教学中，可以设计财务管理模拟游戏，让学生在游戏中体验企业运营的各个环节，从而加深对财务流程和信息系统的理解。这种方式不仅提高了学生的学习积极性，还帮助他们在轻松的氛围中掌握复杂的会计知识。

混合式学习的实施结合了在线学习与面对面教学，提供了灵活的学习方式，满足了不同学生的学习需求。这种模式通过在线课程、虚拟实验室等方式，打破了时间和空间的限制，使学生可以根据自己的节奏进行学习。同时，面对面的课堂教学则提供了交流与反馈的机会，帮助学生更好地理解和应用所学知识。在会计信息化教学中，混合式学习可以通过提供在线财务软件操作课程、举办线下研讨会等形式进行，使学生能够全面掌握理论与实践。

情境模拟教学通过创建真实的工作场景，使学生在实践中应用所学知识，提升其实际操作能力与应变能力。这种教学方法通过模拟企业财务报表编制、预算管理等情境，让学生在虚拟环境中进行操作，体验真实的工作流程。在会计信息化教学中，情境模拟教学可以通过使用虚拟现实技术、模拟软件等工具实现，使学生在逼真的环境中进行练习，提高他们的专业技能和职业素养。

四、实习实训指导教师的角色与职责

（一）指导教师选拔

指导教师的选拔是有效开展会计信息化教学实践的重要环节。在选拔过程中，应确保候选人具备扎实的会计信息化专业知识。这不仅包括对会计信息系统的熟练掌握，还涵盖对相关软件和工具的操作能力。指导教师需要将复杂的理论知识转化为学生易于理解的内容，帮助学生在实习过程中将理论与实践相结合。

指导教师需具备良好的沟通能力。这种能力不仅体现在与学生的互动中，还包括与企业、学校其他部门的协调沟通。通过建立信任关系，教师能够更好地激发学生的学习兴趣，营造积极的学习氛围。

指导教师的持续学习意识是选拔的重要标准。在会计信息化领域，技术和方法不断更新，教师需要保持对新技术和发展动态的敏感性。通过不断学习和自我提升，教师能够为学生提供最新的行业信息和技能指导，确保教学内容的前沿性和实用性。

指导教师应具备团队合作精神。在实习实训中，学生通常需要进行小组项目，教师的团队合作能力可以有效组织和引导学生的协作与交流，帮助他们在团队中发挥各自的优势，提升整体项目的质量和效果。

（二）教学任务分配

在会计信息化教学的实施过程中，实习实训指导教师的角色与职责至关重要。教学任务分配是确保教学活动顺利进行的基础。明确指导教师的教学目标与期望，不仅有助于提高教学质量，还能确保每位教师在实习实训中的角色和责任清晰可见。这需要各个教师明确自己的教学任务和目标，以便在教学中有的放矢，确保学生能够在实习实训中获得最大的收益。这种清晰的角色定义也有助于减少教学中的混乱，确保教学活动的有序进行。

根据学生的专业背景和兴趣，合理分配指导教师的教学任务，是提高教学针对性和有效性的关键。不同的学生群体有着不同的学习需求和兴趣点，因此，在教学任务分配时，应充分考虑到这些因素，以便指导教师能够更好地满足学生的学习需求。通过这种方式，学生不仅能够在所学领域中获得更深刻的理解，还能激发他们对会计信息化的兴趣和热情，从而提高整体的学习效果。

设定指导教师的评估标准，对于确保教学效果和学生反馈的定期评估与改进至关重要。通过设定明确的评估标准，能够对指导教师的教学效果进行客观评价，并根据学生的反馈进行及时调整和改进。这种持续的评估与反馈机制，不仅有助于提高教师的教学水平，还能增强学生的学习体验和满意度。定期的评估也能帮助识别教学中的不足之处，从而为后续的改进提供依据。

鼓励指导教师参与跨学科合作，是促进不同领域知识融合与应用的重要策略。会计信息化本身就是一个跨学科的领域，涉及会计、信息技术、管理等多个学科的知识。通过跨学科合作，指导教师可以拓宽自己的知识面，并将不同领域的知识融入教学中，从而提高教学质量。这种合作不仅有助于教师自身的发展，也能为学生提供更加多元化的学习体验，培养他们的综合能力。

（三）学生指导与支持

在会计信息化教学中，实习实训指导教师扮演着至关重要的角色，他们不仅是知识的传授者，也是学生学习过程中的指导者与支持者。教师需要为学生提供个性化的学习指导，以帮助学生根据自身的学习风格和需求制订适合的学习计划。这种个性化指导要求教师深入了解每个学生的学习特点和兴趣点，从而量身定制学习路径，从而最大限度地发挥学生的潜力。通过个性化的指导，学生能够更有效地掌握会计信息化的核心知识与技能，进而在实践中得心应手。

定期组织学习辅导会议是实习实训指导教师的重要职责。这些会议的目的是解答学生在学习过程中遇到的各类问题，帮助他们克服学习障碍，从而加深对课程内容的理解与掌握。在辅导会议上，教师不仅要提供知识上的支持，还应促进学生之间的互动与交流，鼓励他们提出问题并参与讨论。这种互动式的学习环境有助于学生在实践中获得更深刻的理解，并提高其解决实际问题的能力。

鼓励学生参与小组讨论和合作项目是实习实训指导教师需要重视的方面。这种教学策略旨在提升学生的团队协作能力和信息共享意识。在小组讨论中，学生可以通过交流不同的观点和经验，拓宽自己的思维视野，并在合作中学习如何有效地沟通与协作。合作项目则为学生提供了一个将理论知识应用于实际问题的机会，从而增强他们的实践能力和创新思维。

建立反馈机制对于实习实训指导教师来说是必不可少的。通过定期收集学生对课程内容和教学方法的评价，教师可以及时调整教学策略和支持措施，以更好地满足学生的学习需求。反馈机制不仅帮助教师了解教学效果，还为学生提供了表达意见和建议的平台，促进教学相长。这种双向反馈的机制能够有效提高教学质量，确保会计信息化教学的实施更加符合学生的发展需求。

参考文献

［1］王海燕，王亚楠．会计信息化教学研究［M］．长春：吉林大学出版社，2020.

［2］闫冰．高校会计教学模式构建与改革研究［M］．长春：吉林出版集团股份有限公司，2023.

［3］傅飞娜．会计学教学理论与实践探索［M］．北京：中国原子能出版社，2021.

［4］孙玲．大数据时代职业院校会计人才培养模式的改革与创新［M］．北京：中国纺织出版社，2021.

［5］马睿．信息化背景下高校财务会计教学研究［M］．北京：北京工业大学出版社，2021.

［6］何克理．会计信息化［M］．上海：上海财经大学出版社，2019.

［7］赵鹏飞．信息技术助推会计升华［M］．杭州：浙江工商大学出版社，2022.

［8］杨秀英．基础会计［M］．北京：北京理工大学出版社，2021.

［9］尹睿佳，贾振纲，谭建平．会计信息化：畅捷通 T3 云平台［M］．成都：电子科技大学出版社，2020.

［10］仲旦彦．当代会计信息化原理与应用研究［M］．北京：北京工业大学出版社，2019.

［11］关娜，姚宇，杜文．信息化时代下财务会计工作创新研究［M］．哈尔滨：哈尔滨出版社，2023.

［12］刘秀艳，王亚楠．会计信息系统应用［M］．北京：北京理工大学出版社，2022.

［13］张玺亮，刘洪星，邵雪敏，等．会计信息化［M］．北京：北京时代华文书局，2021.

［14］陈沉．会计学原理及教学案例［M］．广州：华南理工大学出版社，2020.

［15］丁皓庆，冀玉玲，安存红．现代信息技术与会计教学研究［M］．北京：经济日报出版社，2019.